귀여운 이모티콘 만들기

by. 포토피아

MARINEBOOKS

061 파일이

043 메타뭉

조으당개

난행복개

왜 팔았개?

033 알알이

070 구라파덕

빠가난닭

우울하삼

꼬끼오키샛!

★ 마린이의 귀여운 유령 스티커 ★

목차

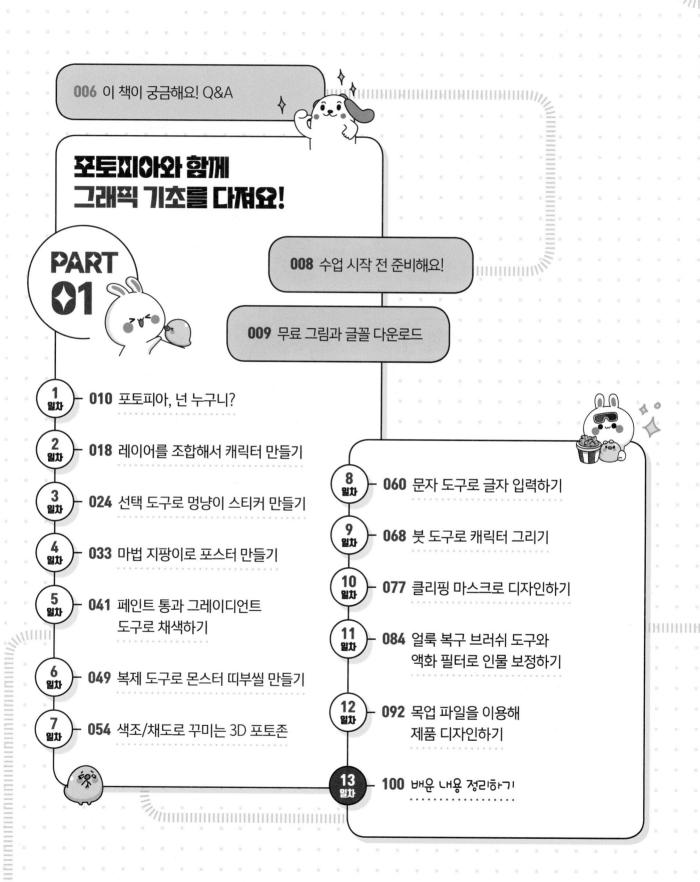

쪼토피아와 함께
이모티콘을 만들어요!

PART
02

나 닮은
이모티콘
만들어줘~

이 책이 궁금해요! Q&A

Q 이 책을 간략히 소개한다면?

<귀여운 이모티콘 만들기>는 '이모티콘'이라는 컨셉을 가지고 다양한 예제를 통해 '포토피아' 프로그램을 배울 수 있는 교재예요. 이 책을 마스터하면 그래픽에 관련된 여러 가지 기능을 익힐 수 있어요.

Q 포토피아는 어떤 프로그램인가요?

그래픽 프로그램인 포토샵과 인터페이스가 유사한 웹기반의 '무료 그래픽 툴'이에요.

Q 책의 구성은 어떻게 되나요?

PART 01 에서는 '스티커 만들기, 띠부씰 만들기, 인물 보정하기' 등 포토피아 기능 학습을 위한 다양한 예제를 포함하고 있으며, PART 02 에서는 '귀여운 이모티콘'을 만들어볼 수 있도록 구성했답니다.

Q 이모티콘 승인과 관련된 내용이 수록되어 있나요?

이 책에서는 '포토피아 기능을 익히는 목적'으로만 이모티콘 예제들을 사용했기 때문에 '카카오톡' 또는 '네이버'와 관련된 이모티콘 승인 과정은 실려있지 않습니다.

Q 예제로 제공되는 이미지로 이모티콘 승인 신청을 해도 되나요?

아니요, **책과 함께 제공되는 실습 이미지로는 이모티콘 승인을 신청할 수 없습니다.** 교재에서 사용되는 모든 그림은 **원저작자가 있는 작품**이기에 '페이스북', '인스타'와 같은 SNS 매체에 무분별하게 업로드 하는 것 또한 **법적인 문제**가 발생할 수 있으며, 출판사는 이에 대한 책임을 지지 않으니 유의하시기 바랍니다.

PART 01

포토피아와 함께 그래픽 기초를 다져요!

수업 시작 전 준비해요!

포토피아는 누구나 사용이 가능한 무료 서비스인 대신 광고가 표시된다는 단점이 있어요. 우리가 포토피아를 이용하는 동안 표시된 광고가 지속된다면 작업 속도에도 영향을 미칠 수 있으며, 사용 환경에 따라 유해한 내용이 노출될 수 있으니 반드시 광고를 차단한 다음 학습하도록 합니다!

Step 1 크롬브라우저를 통해 '크롬 웹스토어'에 접속해요!

광고를 차단할 수 있는 프로그램이 '크롬 웹스토어'에 있습니다. 반드시 크롬을 통해 접속해 주세요.

Step 2 'photopea'를 검색 후 [Remove Ads from Photopea]를 설치해요.

포토피아 광고 제거를 위한 확장 프로그램입니다. <Chrome에 추가> 단추를 눌러 <확장 프로그램 추가>를 완료해요.

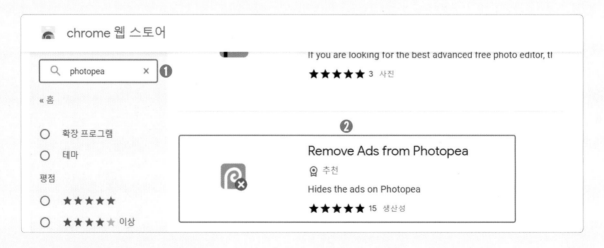

Step 3 포토피아 광고가 차단된 것을 확인합니다.

크롬 브라우저로 '포토피아(www.photopea.com)'에 접속한 다음 화면 우측에 광고가 뜨지 않는 것을 확인할 수 있어요. 이제 기본 준비를 마쳤으니 다음 과정으로 이동할게요!

무료 그림과 글꼴 다운로드

이 책을 통해 포토피아를 학습하다보면 내가 원하는 그림과 글꼴을 활용해 작품을 만들어보고 싶을 때가 있을 거예요. 지금부터는 무료로 이용이 가능한 몇 가지 사이트를 알아보도록 하겠습니다.

🟢 픽사베이 (pixabay.com)

그래픽 작업에 유용한 고화질 그림을 '무료로', '회원 가입 없이' 다운로드 받을 수 있는 곳이에요. '세이프 서치'를 활성화한 후 원하는 단어를 검색해 보세요. 검색 결과 중 <로열티 프리 이미지>에서 필요한 그림을 무료로 다운로드 할 수 있답니다.

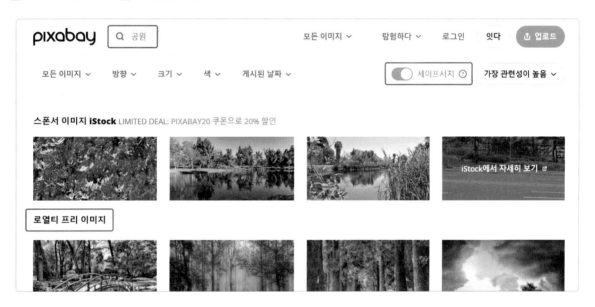

🟣 눈누 (noonnu.cc)

무료 글꼴을 쉽게 다운로드 받을 수 있도록 한 곳에 모아놓은 사이트예요. 원하는 내용을 입력하면 폰트가 적용된 모습을 미리 확인할 수 있어요.

1 일차

쪼토피아, 넌 누구니?

- 크롬 브라우저를 이용하여 포토피아에 접속한 후 화면 구성을 살펴봅니다.
- 옵션을 지정하여 새롭게 캔버스를 만들고 이미지를 불러옵니다.
- 이미지 파일의 종류와 저장 방법을 알아봅니다.

>> **실습 및 완성파일** : [1일차] 폴더

Before
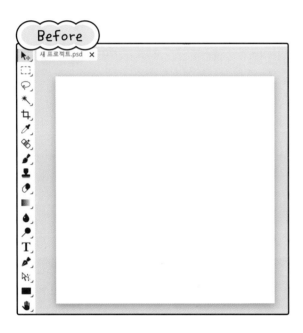

After

QUIZ

오른쪽 그림 파일의 형식은 무엇일까요?

주로 사용되는 이미지 파일 형식에는 jpg와 png
가 있어요. 이 둘의 가장 큰 차이는 '투명 효과'
지원 여부인데요. png 파일 형식은 색이 채워지
지 않은 곳을 투명하게 처리할 수 있기 때문에
이모티콘 이미지의 파일 형식으로도 사용되고
있답니다.

□ jpg   □ png   □ jpg   □ png

포토피아는 사진을 보기 좋게 편집하기도 하고 그림을 그릴 수도 있는 웹 기반의 툴로, 로그인 없이 무료로 원하는 작품을 만들 수 있다는 장점이 있어요. 이 책을 통해 포토피아의 기본적인 기능을 익히면서 이모티콘도 만들어 보겠습니다. 우선 포토피아에 접속하여 화면 구성을 살펴보도록 할까요?

01 크롬 브라우저 확장 프로그램 설치하기

01 크롬 브라우저를 실행시키고 '크롬 웹스토어'를 검색하여 접속합니다.

02 photopea를 검색한 다음 [Remove Ads from Photopea]를 선택하여 확장 프로그램에 추가합니다.

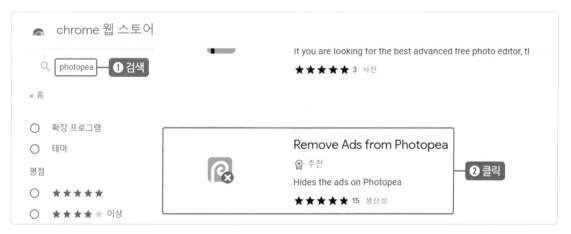

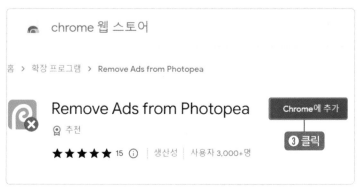

작업TIP **확장 프로그램은 왜 필요한가요?**

포토피아는 무료로 사용하는 대신 여러 가지 광고가 포함되어 있어요. 특히 유해한 광고가 나타날 위험이 있기 때문에 [Remove Ads from Photopea] 확장 프로그램을 추가하여 미리 광고를 차단시키는 과정이 필요합니다. 포토피아 실행은 반드시 [Remove Ads from Photopea] 확장 프로그램이 추가된 크롬 브라우저를 이용해 주세요.

02 크롬 브라우저로 포토피아 시작하기

01 크롬 브라우저에서 '포토피아'를 검색한 다음 웹사이트에 접속합니다.

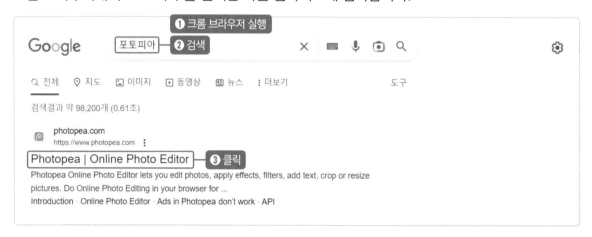

02 [더 보기] 탭에서 '언어'와 '테마' 등을 선택할 수 있어요. 책에서는 캡처 이미지가 더 잘 보일 수 있도록 테마를 'White'로 지정했어요.

03 본격적인 작업을 위해 <새 프로젝트>를 클릭합니다.

04 그림과 같이 캔버스 옵션을 지정합니다.

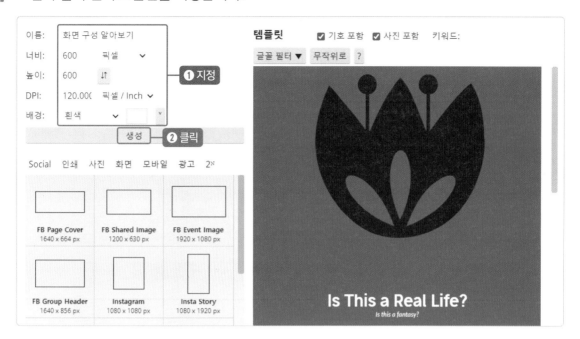

05 지금부터는 포토피아의 화면 구성을 살펴보겠습니다.

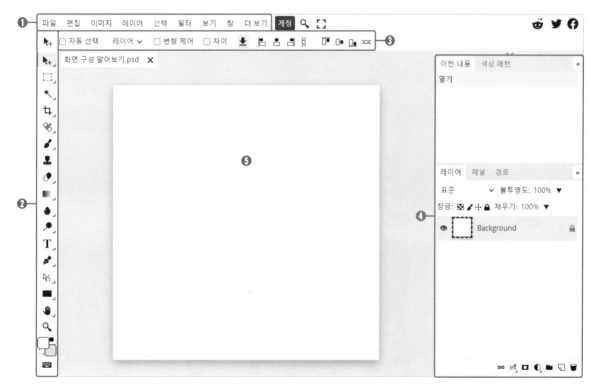

1 메뉴 바 : 포토피아의 전반적인 기능들의 메뉴와 하위 메뉴로 구성되어 있습니다.

2 도구 모음 : 이미지 편집에 필요한 도구들이 모아져 있는 곳으로, 아이콘을 2초 정도 길게 누르면 숨겨진 도구가 표시됩니다. 창의 크기에 따라 표시되는 메인 도구가 달라질 수 있습니다.

3 옵션 바 : 선택된 도구의 옵션을 설정할 수 있습니다.

4 패널 창 : 전반적인 작업에 필요한 기능과 옵션을 바로 지정할 수 있도록 기능별로 모아놓은 장소입니다.

5 캔버스 : 그래픽 작업이 진행되는 영역입니다.

01 [파일]–[열기]를 클릭하여 [실습파일]–[1일차]–일러스트.jpg 파일을 불러옵니다.

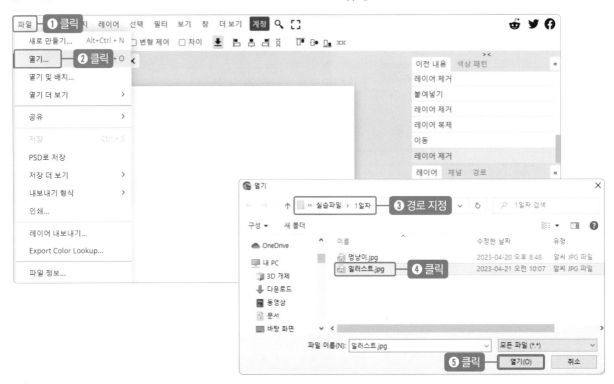

02 Ctrl + A 를 눌러 모든 영역을 선택한 다음 Ctrl + C 를 눌러 복사합니다.

03 [화면 구성 알아보기] 캔버스 탭을 클릭한 다음 Ctrl + V 를 눌러 그림을 붙여넣기 합니다.

04 이동 도구(⊕)가 선택된 상태에서 그림을 드래그하여 정사각형 캔버스 안에 원하는 남/여 캐릭터 일러스트가 보일 수 있도록 배치해 보세요.

04 파일 저장하기

01 포토피아 작업 후에는 2개의 파일 형태로 저장하는 것이 좋아요.

- **psd** : 포토피아에서 열어 수정이 가능한 작업의 원본 파일
- **jpg, png, gif 등** : 작업이 완료된 최종 이미지 파일

02 먼저 [파일]–[PSD로 저장]을 클릭하여 작업물의 원본을 원하는 경로에 저장합니다.

03 이번에는 [파일]–[내보내기 형식]–[JPG]를 클릭하여 완성 작품을 이미지 형태로 저장합니다.

 작품을 저장할 때 참고해요!

jpg 또는 png와 같이 이미지로 저장하게 되면 [웹용으로 저장] 대화상자가 나타납니다. 이 때, 품질을 100%까지 올려서 저장하면 고품질의 이미지를 얻을 수 있지요.

내가 꾸미는 캔버스

아래 옵션과 동일하게 새로운 캔버스를 만들어 보세요.

◆ 이름 : 귀여운 멍냥이
◆ 너비 : 600 픽셀
◆ 높이 : 600 픽셀
◆ DPI : 120 픽셀

멍냥이.jpg 파일을 [귀여운 멍냥이] 캔버스 탭에 붙여 넣은 후 강아지와 고양이가 2마리씩 보일 수 있도록 원하는 위치로 이동해 보세요.

작업이 끝나면 psd와 jpg 형식으로 각각 저장해 보세요.

2 일차
레이어를 조합해서 캐릭터 만들기

오늘 배울 그래픽 기능
- 레이어란 무엇인지 알아봅니다.
- 레이어의 순서를 변경해 봅니다.
- 레이어 삭제 및 이름을 바꾸는 방법을 알아봅니다.

>> 실습 및 완성파일 : [2일차] 폴더

Before

After

QUIZ
오른쪽 캔버스는 어떤 상태일까요?

포토피아를 포함한 다양한 그래픽 툴에서는 캔버스의 배경 색상을 흰색, 검정색, 투명색 등으로 지정할 수 있는 옵션이 주어집니다.

☐ 체크 무늬 배경이 적용된 캔버스

☐ 투명색 배경이 지정된 캔버스

포토피아와 같은 그래픽 툴은 레이어를 기반으로 작업하게 됩니다. 여기서 '레이어'란 그림을 그릴 수 있는 투명 필름과 같은 것으로, 각각의 필름을 한 층씩 겹쳐 그림을 완성할 수 있게 되지요. 조금 복잡해 보일 수 있으니 실습 예제를 통해 재밌게 배워보도록 해요!

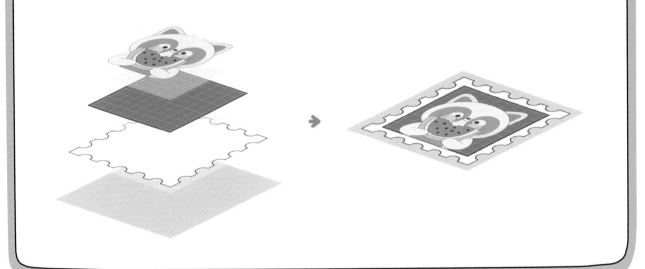

 01 레이어 활성화하기

01 크롬 브라우저에서 '포토피아'를 검색하여 웹사이트에 접속합니다.

02 <컴퓨터에서 파일 열기>를 클릭한 다음 [실습파일]-[2일차]-레이어 캐릭터.psd 파일을 불러옵니다.

03 불러온 파일의 캔버스가 비어있는 것을 확인합니다.

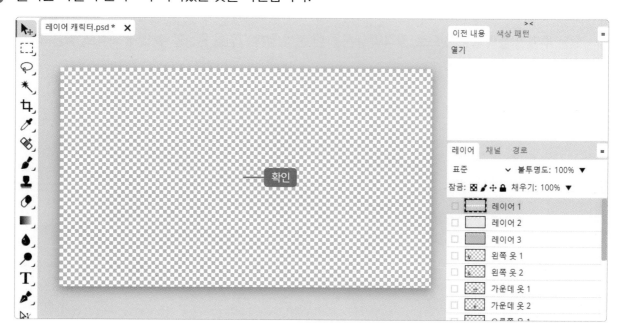

04 우측 아래 레이어 패널 창을 보면 여러 개의 레이어가 존재하는 것을 확인할 수 있어요. [왼쪽 옷 1]과 [왼쪽 얼굴 1] 레이어를 활성화하여 그림을 확인해 볼까요?

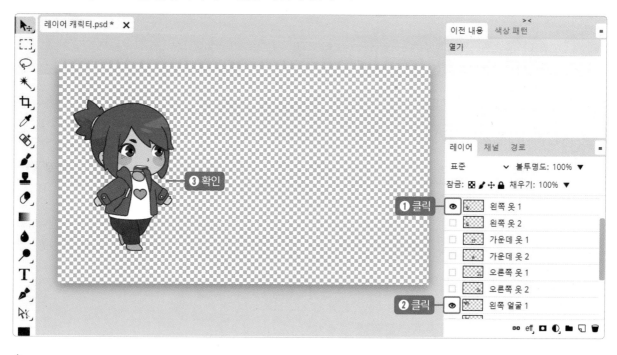

작업TIP **레이어 패널 창 살펴보기**

레이어 패널 창에서 👁 아이콘을 활성화하면 각각의 레이어에 어떤 그림이 있는지 확인할 수 있습니다. 👁 아이콘을 비활성화(☐) 시키면 캔버스에서 숨길 수 있습니다.

02 레이어의 순서를 변경하기

01 캐릭터의 얼굴을 앞으로 배치하기 위해서는 레이어의 순서를 변경해야 합니다. [왼쪽 옷 1] 레이어를
드래그하여 [왼쪽 얼굴 1] 아래로 이동해 주세요.

02 동일한 방법으로 레이어 패널 창에서 왼쪽, 가운데, 오른쪽 캐릭터 레이어를 원하는 대로 활성화합니다.
레이어의 순서 배치도 잊지 마세요!

03 배경인 [레이어 1]~[레이어 3]도 활성화 한 다음 레이어 순서를 맨 아래쪽으로 이동합니다.

03 레이어 삭제 및 이름 변경하기

01 아래 방법을 참고하여 사용되지 않은 레이어를 모두 지워주세요.

작업TIP 여러 개의 레이어 한번에 선택하기

• 특정 레이어를 클릭한 다음 (Shift)를 누른 채 다른 레이어를 선택하면 해당 범위에 포함되는 레이어들을 연속으로 선택할 수 있어요.

• 특정 레이어를 클릭한 다음 (Ctrl)을 누른 채 다른 레이어를 선택하면 비연속적으로 선택이 가능해요.

02 이번에는 배경 레이어의 이름을 변경하기 위해 레이어의 이름을 더블 클릭합니다.

03 레이어 이름이 블록으로 지정되면 '캐릭터 배경'을 입력한 다음 (Enter)를 누릅니다.

04 작업이 완료되면 psd와 jpg 파일로 각각 저장해 보세요.

 관심사 앨범.psd 파일을 불러옵니다.

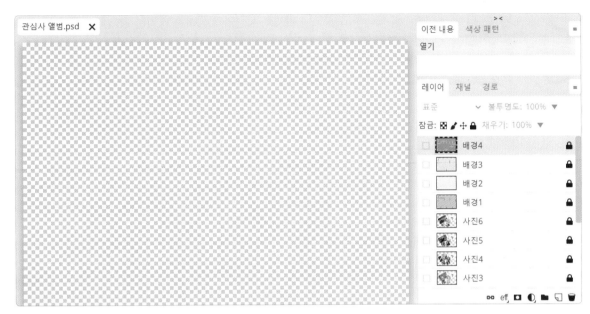

2 [사진], [스티커], [배경] 레이어에서 원하는 그림을 활성화하여 관심사 앨범을 완성한 후 불필요
한 레이어는 삭제해 주세요.

3 레이어의 배치 순서는 아래 그림을 참고하여 작업해요.

 작업이 끝나면 psd와 jpg 형식으로 각각 저장해 보세요.

3 일차
선택 도구로 멍냥이 스티커 만들기

오늘 배울 그래픽 기능
- 캔버스를 확대하고 원하는 위치로 시점을 이동하는 방법을 학습합니다.
- 다양한 선택 도구를 활용해 이미지의 특정 부분만 선택해 봅니다.
- 선택된 이미지를 새로운 캔버스로 복사합니다.

>> **실습 및 완성파일** : [3일차] 폴더

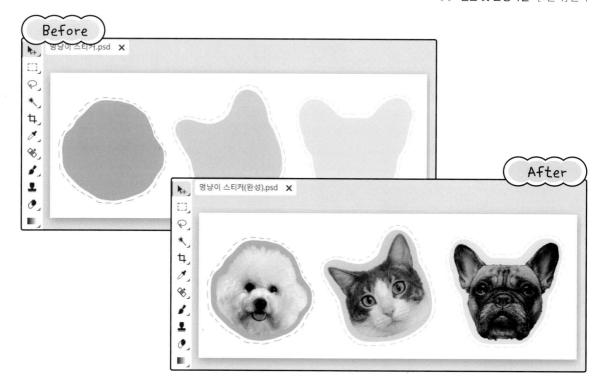

QUIZ
포토피아에서 '뒤로 가기'와 '앞으로 가기'의 바로 가기 키를 적어보세요.

실행 취소와 다시 실행은 그래픽 툴 이용 시 자주 사용되는 기능이기 때문에 바로 가기 키를 외워두는 것이 좋아요. 포토피아를 실행한 다음 [편집] 탭에서 정답을 찾을 수 있을 거예요.

• 뒤로 가기(실행 취소) :

• 앞으로 가기(다시 실행) :

동물의 얼굴로 스티커를 만들기 위해서는 어떻게 해야 할까요? 포토피아에서 제공하는 다양한 선택 도구를 이용하면 쉽게 작업이 가능해요. 오늘은 자석 올가미 선택(🫏) 및 개체 선택(🫏) 도구와 '가장자리 미세 조정' 기능을 활용하여 이미지의 특정 부분을 선택하는 방법을 알아보겠습니다.

01 캔버스를 확대하기

01 크롬 브라우저에서 '포토피아'를 검색하여 웹사이트에 접속합니다.

02 <컴퓨터에서 파일 열기>를 클릭한 다음 [실습파일]-[3일차]-멍냥이 스티커.psd와 검정색강아지.jpg 파일을 불러옵니다.

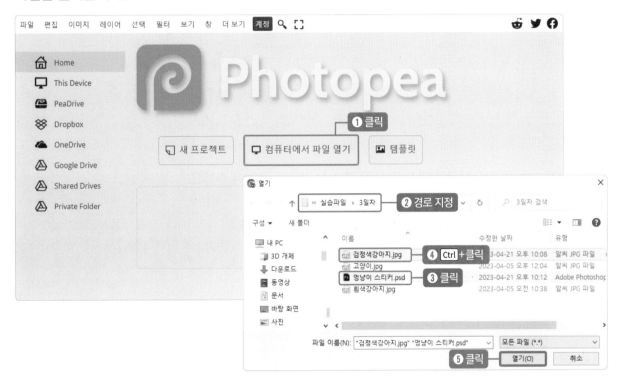

03 강아지 얼굴 선택 작업을 위해 [검정 색강아지] 캔버스 탭을 클릭합니다.

교재와 도구 모음이 다르게 보여요!

포토피아는 모니터의 해상도, 인터넷 창의 확대 비율 등에 따라 도구
모음 아이콘의 위치가 조금씩 달라져요. 이런 경우엔 비슷한 위치의
아이콘을 2초 이상 길게 눌러 세부 도구가 활성화되었을 때 동일한
도구를 찾을 수 있답니다.

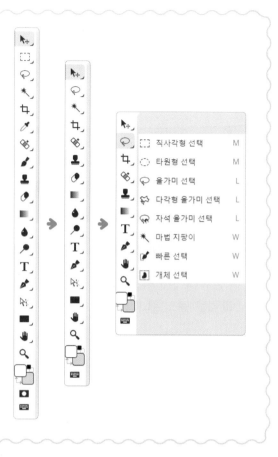

04 아래 방법을 참고하여 강아지 얼굴이 크게 보이도록 만들어 주세요.

- Alt 를 누른 채 마우스 휠을 굴려 캔버스를 확대합니다.
- Space Bar 를 누른 채 마우스 포인터가 🖑 모양으로 변경되면 캔버스를 드래그하여 위치를 맞춥니다.

02 자석 올가미 선택(🔲) 도구 이용하기

01 도구 모음에서 자석 올가미 선택(🔲)을 클릭합니다.

02 아래 작업 과정을 참고하여 강아지의 얼굴을 선택해 주세요.

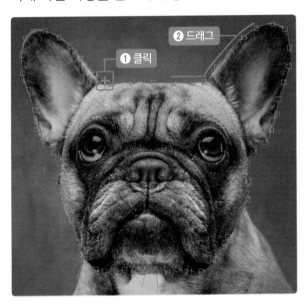 

 자석 올가미 선택(🔲) 도구 이용 시 주의하세요!

자석 올가미 선택(🔲) 도구는 피사체와 배경을 인식하여 마우스 이동만으로 자동으로 경계를 선택해주는 편리한 도구입니다.

1 피사체를 따라 마우스를 드래그한 뒤 시작 포인트를 다시 클릭하여 원하는 부분을 선택 영역으로 지정할 수 있습니다.

2 자동으로 인식되지 않는 부분을 선택할 때는 해당 지점을 클릭하면서 선택 영역에 추가합니다.

3 만약 선택 경로를 이탈했을 경우 Back Space 를 눌러 지울 수 있습니다.

03 강아지 얼굴 선택이 완료되었으면 Ctrl + C 를 눌러 복사한 다음 [멍냥이 스티커] 캔버스 탭에서 Ctrl + V 를 눌러 붙여넣기 합니다.

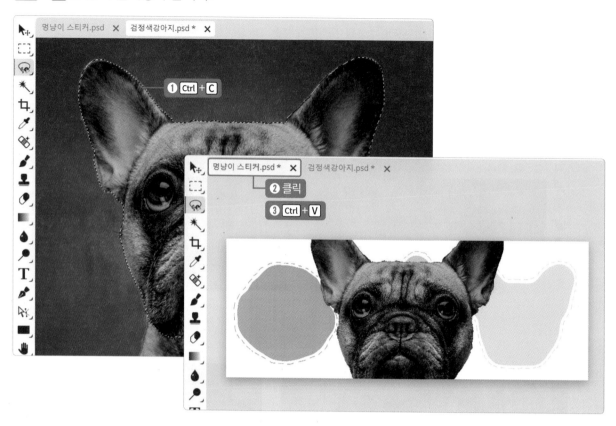

04 Alt + Ctrl + T 를 눌러 그림 주변에 조절점이 활성화되면 크기와 위치를 조절합니다.

05 Enter 를 눌러 편집 상태를 마친 후 [검정색강아지] 캔버스 탭을 종료합니다.

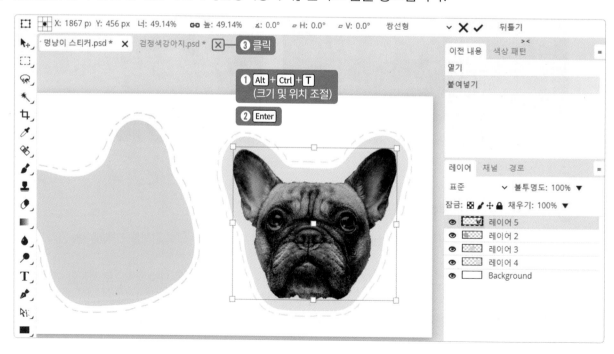

06 이번에는 [3일차] 폴더에서 고양이.jpg와 흰색강아지.jpg 파일을 불러온 다음 [흰색강아지] 캔버스 탭을 클릭합니다.

07 캔버스를 확대한 후 자석 올가미 선택() 도구를 이용하여 강아지의 얼굴을 선택합니다.

 작업TIP 캔버스 확대하기

Alt를 누른 채 마우스 휠을 굴려 캔버스를 확대하면 조금 더 편리하게 작업이 가능합니다. Space Bar를 누른 채 화면을 드래그하면 캔버스의 시점도 조절할 수 있어요.

08 선택된 강아지 얼굴을 복사하여 [멍냥이 스티커] 캔버스 탭에 붙여 넣은 후 크기와 위치를 조절합니다.

• 복사 : Ctrl + C　　• 붙여넣기 : Ctrl + V　　• 크기 조절 : Alt + Ctrl + T

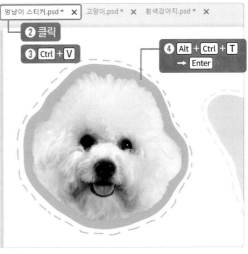

03 개체 선택(◼) 도구 이용하기

01 [고양이] 캔버스 탭을 선택하여 캔버스를 확대해주세요.

02 도구 모음에서 개체 선택(◼)을 클릭한 다음 아래와 같이 드래그합니다.

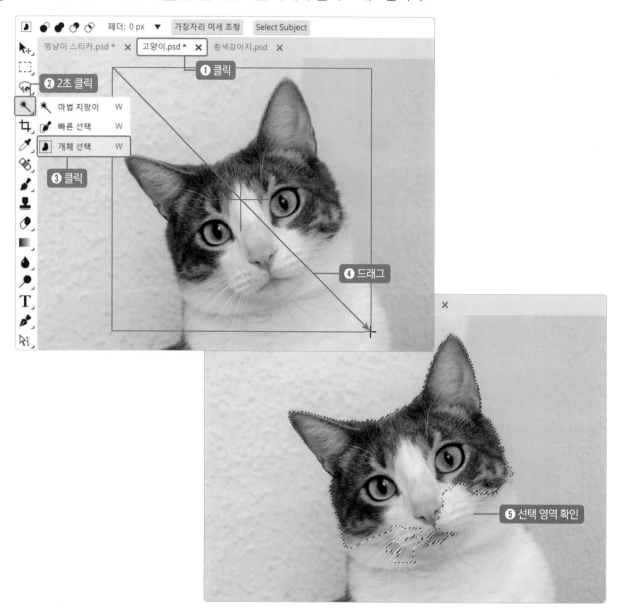

03 고양이의 턱 부분까지 완벽하게 선택하기 위해 옵션 바에서 <가장자리 미세 조정>을 클릭합니다.

04 [전경]을 선택한 후 포함시킬 영역을 천천히 드래그하여 고양이 얼굴을 선택해 주세요. 실수했을 때는 Ctrl + Z 를 눌러 이전 단계로 돌아갈 수 있답니다.

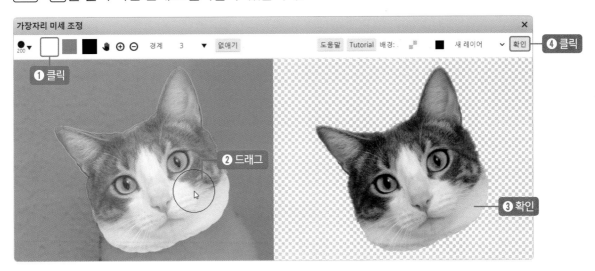

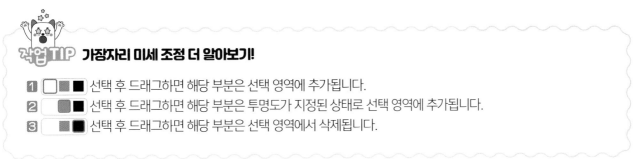

작업TIP 가장자리 미세 조정 더 알아보기!

1 ☐◩◼ 선택 후 드래그하면 해당 부분은 선택 영역에 추가됩니다.

2 ☐◩◼ 선택 후 드래그하면 해당 부분은 투명도가 지정된 상태로 선택 영역에 추가됩니다.

3 ☐◩◼ 선택 후 드래그하면 해당 부분은 선택 영역에서 삭제됩니다.

05 고양이 얼굴을 복사하여 [멍냥이 스티커] 캔버스 탭에 붙여 넣은 후 크기와 위치를 조절합니다.

• 복사 : Ctrl + C　　　• 붙여넣기 : Ctrl + V　　　• 크기 조절 : Alt + Ctrl + T

06 작업이 완료되면 psd와 jpg 파일로 각각 저장해 보세요.

내가 꾸미는 캔버스

 공원.psd, 가방.jpg, 모자.jpg, 헤어밴드.jpg 파일을 불러옵니다.

 아래 과정을 참고해 각각의 아이템을 합성합니다.

- [가방] 캔버스 : ① 자석 올가미 선택(🔲) 도구로 가방 선택 → 복사([Ctrl]+[C])
   ② [공원] 캔버스 클릭 → 붙여넣기([Ctrl]+[V])
   ③ [Alt]+[Ctrl]+[T]를 눌러 크기 및 위치 조절

- [모자] 캔버스 : ① 개체 선택(🔲) 도구로 모자 부분 드래그 → <가장자리 미세 조정> 옵션을 이용하여 선택 영역을 조절 → 복사([Ctrl]+[C])
   ② [공원] 캔버스 클릭 → 붙여넣기([Ctrl]+[V])
   ③ [Alt]+[Ctrl]+[T]를 눌러 크기 및 위치 조절

- [헤어밴드] 캔버스 : 모자와 동일한 방법으로 작업

 작업이 끝나면 psd와 jpg 형식으로 각각 저장해 보세요.

4 일차 마법 지팡이로 포스터 만들기

오늘 배울 그래픽 기능

- 마법 지팡이 도구를 이용하는 방법을 배웁니다.
- 반전 기능으로 선택 영역을 뒤집을 수 있습니다.
- 레이어를 활용하여 이미지의 순서를 배치할 수 있습니다.

>> 실습 및 완성파일 : [4일차] 폴더

QUIZ

'누끼', '누끼 따기'를 우리말 용어로 바꾼다면 어떤 말이 적당할까요?

그래픽 디자이너들이 가장 기본적으로 사용하는 기능은 배경이 있는 사진에서 특정 피사체만 말끔히 떼어오는 것이에요. 이 기능의 이름은 일명 '누끼' 또는 '누끼 따기'라고 지칭하는데, 이 어원은 일본어에서 유래했습니다.

☐ 도장 찍기

☐ 도형 넣기

☐ 배경 제거

☐ 필터

이번 시간에는 마법 지팡이(✳) 도구를 이용하여 이미지를 선택하는 방법을 알아볼 거예요. 그림의 특성에 따라 알맞은 선택 도구를 사용하기 위해서는 사용 방법을 제대로 익혀두는 것이 좋겠죠?

01 마법 지팡이(✳) 도구 이용하기

01 크롬 브라우저를 통해 '포토피아'에 접속한 다음 [실습파일]-[4일차]-포스터.psd와 디저트.jpg, 떡볶이.jpg 파일을 불러옵니다.

02 작업을 위해 [떡볶이] 캔버스 탭을 클릭한 후 도구 모음에서 마법 지팡이(✳)를 찾아 선택합니다. 옵션 바에서 여유도를 30정도로 지정해 주세요.

 마법 지팡이(✳) 도구의 여유도 옵션은 무엇일까?

이미지에서 비슷한 색을 인식하는 범위를 '여유도'라고 해요. 여유도 값이 너무 높으면 한번에 선택되는 범위가 넓어지기 때문에 정교한 선택이 어려울 수 있으니 작업하려는 그림에 따라 값을 잘 조절해 주세요.

03 배경의 회색 부분을 클릭해 보면 한 번에 모든 배경 영역이 선택되지 않는 것을 확인할 수 있습니다.

04 옵션 바에서 (통합)을 클릭한 다음 회색 배경 부분을 모두 선택해 주세요.

작업TIP ◐◑◔◕ **(선택 도구 영역 지정 옵션)**

- ◐(바꾸기) : 클릭한 부분만 선택 영역이 됩니다.
- ◑(통합) : 기존에 선택된 영역에 새로운 선택 영역을 추가할 수 있습니다.
- ◔(빼기) : 선택된 영역에서 특정 부분을 선택 영역에서 제외시킬 때 이용합니다.
- ◕(교차) : 두 영역에서 겹치는 부분을 선택할 수 있습니다.

05 필요한 음식 그림을 선택하기 위해 캔버스 위에서 마우스 오른쪽 버튼을 눌러 [반전]을 클릭합니다.

06 음식 손잡이 안쪽의 회색 부분을 제거하기 위해 옵션 바에서 (빼기)를 클릭한 다음 해당 부분을 선택해 주세요.

07 떡볶이 그림을 복사하여 [포스터] 캔버스 탭에 붙여 넣은 후 크기와 위치를 조절합니다.

- 복사 : Ctrl+C
- 붙여넣기 : Ctrl+V
- 크기 조절 : Alt+Ctrl+T

08 아래 그림과 같이 말풍선 뒤쪽으로 그림이 들어가도록 레이어의 위치를 이동시켜 주세요.

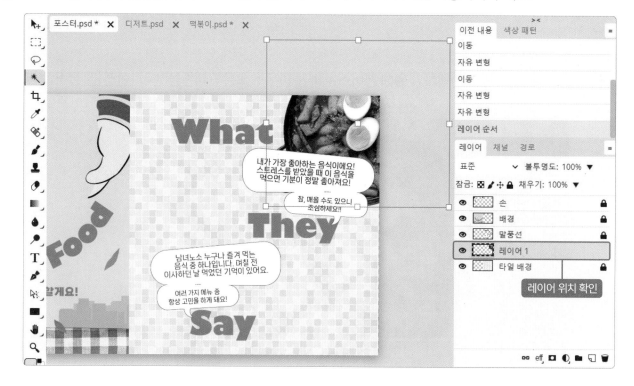

02 다각형 올가미 선택(📐) 도구 활용하기

01 이번에는 [디저트] 캔버스 탭을 클릭한 다음 마법 지팡이(✦) 도구의 옵션 바에서 ●(통합)을 선택합니다.

02 테이블의 배경을 클릭하여 선택합니다.

03 선택된 영역 위에서 마우스 오른쪽 버튼을 눌러 [반전]을 클릭합니다.

04 노란색 디저트 접시뿐만 아니라 테이블 위의 아몬드, 바나나, 시럽 등이 함께 선택된 것을 알 수 있어요.

05 노란색 접시 주변의 이미지 선택을 해제하기 위해 도구 모음에서 다각형 올가미 선택(🖅) 도구를 클릭하고 옵션 바에서 🖅(빼기)를 선택합니다.

06 아래 순서에 따라 다각형을 그려 해당 영역의 선택을 해제해 보세요.

07 동일한 방법으로 테이블 우측 하단의 바나나와 아몬드도 선택 영역에서 제외합니다.

08 디저트 그림을 복사하여 [포스터] 캔버스 탭에 붙여 넣은 후 크기와 위치를 조절합니다.

• 복사 : Ctrl + C   • 붙여넣기 : Ctrl + V   • 크기 조절 : Alt + Ctrl + T

09 레이어의 위치를 아래 그림과 같이 손 뒤쪽에 배치되도록 합니다.

 03 맛있는 음식 그림을 자유롭게 배치하기

01 [4일차] 폴더 안에서 원하는 음식 그림을 불러온 후 배경을 제거하여 포스터를 완성해 봅니다.

02 작업이 완료되면 psd와 jpg 파일로 각각 저장해 보세요.

내가 꾸미는 캔버스

실습 및 완성파일 : [4일차] 폴더

① 인기추천디저트.psd, 연습문제_도넛jpg, 연습문제_케이크.jpg 파일을 불러옵니다.

② 아래 과정을 참고해 각각의 디저트 이미지를 합성합니다.

- [도넛] 캔버스 : ① 마법 지팡이(✦) 도구로 배경 선택 → 마우스 오른쪽 버튼 클릭하여 [반전]

    ② 옵션 바에서 빼기(◉) 클릭 → 도넛 안쪽 클릭하여 선택 영역 제거

      → 복사(Ctrl+C)

    ③ [인기추천디저트] 캔버스 클릭 → 붙여넣기(Ctrl+V)

    ④ Alt+Ctrl+T를 눌러 크기 및 위치 조절

- [케이크] 캔버스 : 도넛과 동일한 방법으로 작업

③ 작업이 끝나면 psd와 jpg 형식으로 각각 저장해 보세요.

5 일차 페인트 통과 그레이디언트 도구로 채색하기

- 페인트 통과 그레이디언트 도구를 활용해 원하는 색상을 채워 봅니다.
- 선택된 영역을 확장하는 방법을 알아봅니다.
- 레이어 순서의 개념을 복습합니다.

>> **실습 및 완성파일** : [5일차] 폴더

Before
집 채색.psd ✕

After
집 채색(완성).psd ✕

QUIZ

2가지 이상의 색을 섞어 변화하는 과정을 보여주는 채색 방법은 무엇일까요?

그림 또는 사진의 밝은 부분부터 어두운 부분까지 변화해가는 색의 단계를 표현한 미술 기법이에요. 포토피아에서는 그레이디언트 도구를 이용하여 이러한 효과를 만들 수 있습니다.

☐ 콜라주   ☐ 그라데이션   ☐ 픽셀 아트   ☐ 데칼코마니

그림과 어울리는 색상을 찾아 채색하면 멋진 그림을 완성할 수 있어요. 오늘은 포토피아에서 색을 고르는 방법과 함께 색을 채워 넣는 방법을 연습할 거예요. 이 기능은 이모티콘을 만드는 과정이기도 하니, 열심히 배워보면 좋겠죠?

 01 페인트 통 도구()로 색 채우기

01 크롬 브라우저를 통해 '포토피아'에 접속한 다음 [실습파일]-[5일차]-집 채색.psd 파일을 불러옵니다.

02 먼저 [배경] 레이어를 움직이지 않도록 고정시키기 위해 [배경] 레이어를 선택한 후 레이어 패널 창의 🔒(잠금) 아이콘을 눌러주세요.

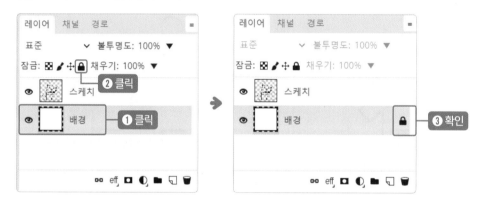

03 [스케치] 레이어를 선택한 다음 도구 모음에서 페인트 통 도구()를 클릭합니다.

04 도구 모음 하단의 전경색을 클릭한 다음 팔레트를 이용하여 원하는 지붕 색을 선택해 보세요.

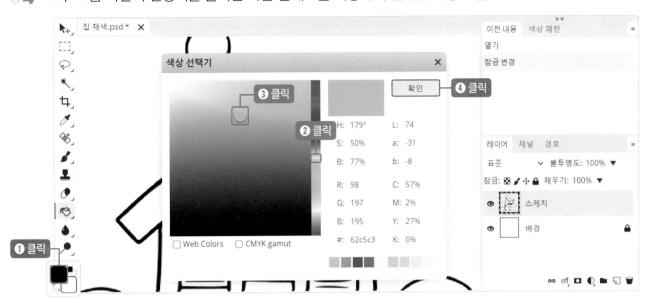

05 전경색이 변경된 것을 확인한 후 지붕을 클릭하여 색칠합니다. 이때, 검정색 선이 선택되지 않도록 주의해 주세요.

작업TIP **채색한 부분의 주변이 울퉁불퉁 해요!**

선택했던 색이 채워졌지만, 어딘가 이상한 부분이 있죠? 바로 깔끔하지 못한 테두리입니다. 스케치의 해상도가 매우 높지 않은 그림이라면 지금과 같이 울퉁불퉁하게 채색된 작품이 만들어질 거예요. 다음 과정에서 이 문제를 해결해 보도록 할게요.

01 Ctrl + Z 를 눌러 빈 스케치 화면으로 다시 되돌립니다.

02 레이어 패널 창에서 🗐 (새 레이어)를 클릭한 다음 이름을 '채색'으로 변경합니다.

03 [스케치] 레이어로 돌아와 도구 모음에서 마법 지팡이(✳) 도구를 클릭한 다음 지붕을 선택합니다.

04 선택된 영역을 넓게 변경하기 위해 [선택]–[수정]–[확장]을 클릭합니다.

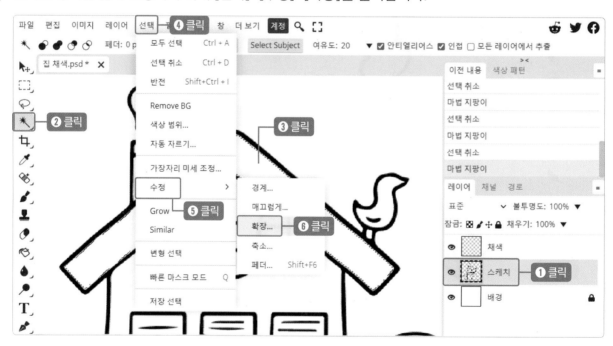

 캔버스 확대하기

Alt 를 누른 채 마우스 휠을 굴려 캔버스를 확대하면 조금 더 편리하게 작업이 가능합니다. Space Bar 를 누른 채 화면을 드래그하면 캔버스의 위치도 조절할 수 있어요.

05 확장 입력 칸에 3을 입력하고 <확인>을 클릭한 다음 검정 테두리의 중앙 부분까지 선택 영역이 확장된 것을 확인해 보세요.

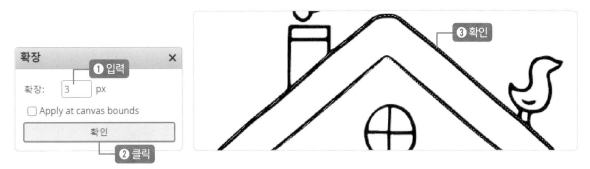

06 색을 칠하기 위해 [채색] 레이어를 선택한 다음 페인트 통 도구( )로 색을 채워줍니다. 그다음 Ctrl + D 를 눌러 모든 선택 영역을 해제해 주세요.

07 스케치 된 검정색 선을 덮으면서 채색된 것을 확인할 수 있습니다. 앞에서 배웠듯이 [채색] 레이어를 [스케치] 레이어 아래로 이동시키면 문제를 해결할 수 있겠죠?

03 그레이디언트 도구(▬)로 채색하기

01 [스케치] 레이어를 선택한 다음 마법 지팡이(✴) 도구를 이용하여 양쪽 나무를 선택해 주세요.

02 [선택]-[수정]-[확장]을 클릭한 후 확장 입력 칸에 3를 입력해 주세요.

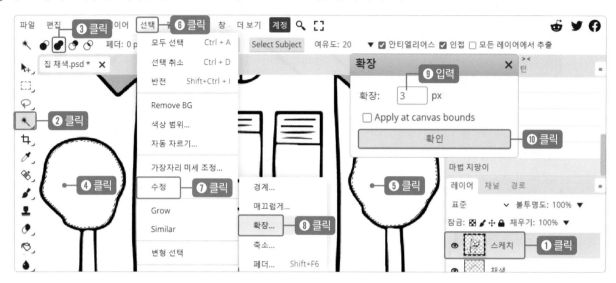

작업TIP 여러 곳을 한 번에 선택하는 두 가지 방법!

1 마법 지팡이(✴) 도구의 옵션 바에서 ◕(통합)을 선택한 후 원하는 부분을 클릭하기
2 Shift를 누른 채 원하는 부분을 클릭하기

03 [채색] 레이어를 선택한 다음 도구 모음에서 그레이디언트 도구(▬)를 클릭합니다.

04 옵션 바에서 '그레이디언트 편집기'를 클릭하여 원하는 색상을 지정합니다.

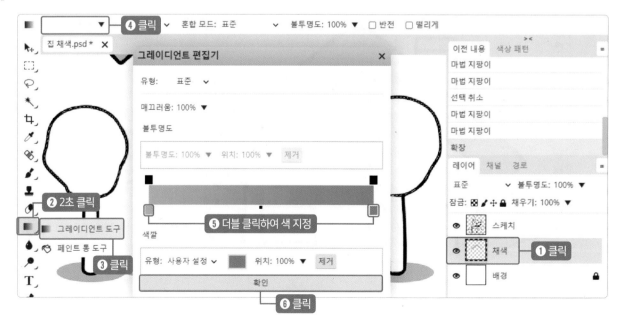

05 선택된 나무를 원하는 방향으로 드래그하여 채색을 완료합니다. 길게 드래그하면 색을 더 자연스럽게 칠할 수 있어요.

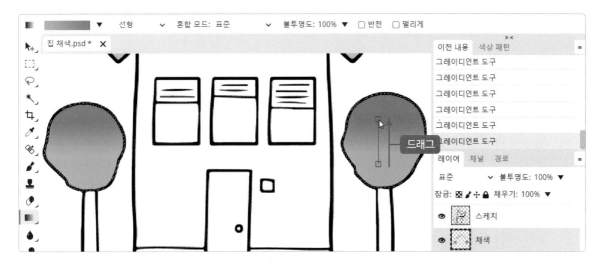

06 Ctrl + D 를 눌러 모든 선택 영역을 해제한 다음 배운 기능을 활용하여 예쁘게 그림을 채색해 보세요.

[스케치] 레이어에서 영역 선택 → 선택 영역 확장 → [채색] 레이어에서 색칠하기

작업TIP 채색할 때 알아두면 유용한 팁

1 페인트 통 도구를 사용하지 않아도 색상이 선택된 상태에서 Alt + Delete 를 누르면 전경색, Ctrl + Delete 를 누르면 배경색이 바로 채워집니다.

2 도구 모음에서 스포이드(✎)를 누른 채 특정 부분을 선택하면 해당 색상을 추출할 수 있습니다.

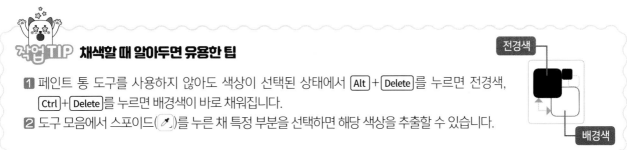

07 작업이 완료되면 psd와 jpg 파일로 각각 저장해 보세요.

 캐릭터 채색.psd 파일을 불러옵니다.

 새롭게 레이어를 추가한 다음 레이어 이름을 '채색'으로 변경합니다.

③ 아래 과정을 참고해 그림을 예쁘게 색칠해 보세요.

① [스케치] 레이어 클릭 → 마법 지팡이
( ) 도구로 채색할 부분을 클릭 →
[선택]-[수정]-[확장] 메뉴를 이용해
선택 영역을 확장(확장 값은 5정도로
입력)

② [채색] 레이어 클릭 → 페인트 통 도구
또는 그레이디언트 도구를 이용해
채색

③ [채색] 레이어의 위치를 [스케치] 레이
어 아래쪽으로 이동

 작업이 끝나면 psd와 jpg 형식으로 각각 저장해 보세요.

6일차
복제 도구로 몬스터 띠부씰 만들기

- 복제 도구를 이용해 이미지의 특정 부분을 복제할 수 있습니다.
- 복제 도구를 이용해 이미지의 특정 부분을 지울 수 있습니다.

>> 실습 및 완성파일 : [6일차] 폴더

Before

마린몬스터.psd * ✕

054 뿔퉁이

ⓒMarinemon

After

마린몬스터(완성).psd ✕

054 뿔퉁이

ⓒMarinemon

QUIZ

다음 중 비트맵 기반의 이미지는 어떤 것일까요?

비트맵은 '픽셀'이라는 정사각형 점이 여러 개 모여 그림을 그리는 방식인데요. 여러 개의 픽셀을 이용하면 깨끗하고 정교한 이미지를 얻을 수 있지만, 적은 개수의 픽셀을 이용하면 깨져 보이는 현상이 나타납니다. 아무리 좋은 해상도의 비트맵 그림이라도 최대한 확대했을 때는 결국 정사각형으로 이뤄져 있다는 것을 확인할 수 있게 됩니다.

 ➡ 확대

☐

 ➡ 확대

☐

복제 도구()는 이미지의 특정 부분을 복제하거나 지워야 할 때 사용하는 기능으로, '복제 도장 도구'로 불리기도 하는데요. 그 이유는 내가 원하는 부분을 도장을 찍어내듯이 복제할 수 있기 때문입니다.

01 복제 도구()로 몬스터의 몸통을 완성하기

01 크롬 브라우저를 통해 '포토피아'에 접속한 다음 [실습파일]-[6일차]-마린몬스터.psd 파일을 불러옵니다.

02 레이어 패널 창에서 [뿔퉁이] 레이어를 선택한 후 활성화 시킵니다.

03 도구 모음에서 복제 도구()를 선택하고 브러쉬 크기를 270정도로 맞춰줍니다.

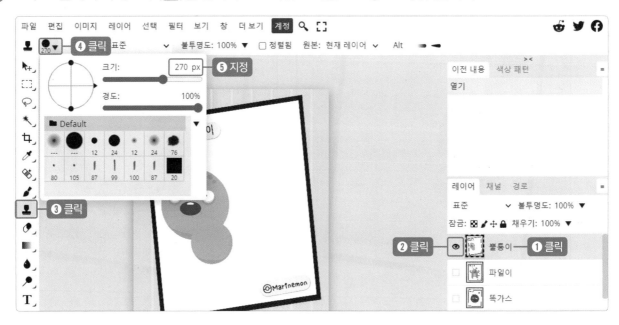

04 Alt 를 누른 상태에서 몬스터의 몸통 중앙 부분을 클릭한 다음 그림을 참고하여 도장을 찍어주세요.

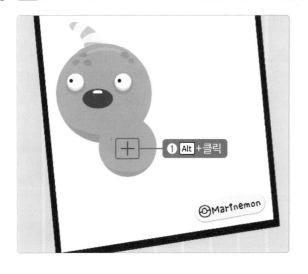

05 복제 도구()의 옵션 바에서 브러쉬 크기를 변경하면서 몬스터의 꼬리를 여러 개 복제해 완성합니다

02 복제 도구(📥)로 몬스터의 이빨을 지우기

01 레이어 패널 창에서 [뿔퉁이] 레이어를 비활성화 한 후 [파일이] 레이어를 선택 및 활성화시킵니다. 편리한 작업을 위해 캔버스를 확대해주세요.

02 복제 도구(📥)가 선택된 상태에서 브러쉬 크기를 40정도로 맞춰줍니다.

03 떨어져 있는 이빨을 지우기 위해 Alt 를 누른 채 주변 색상을 선택한 다음 이빨을 여러 번 나누어 클릭하면서 천천히 지워주세요.

04 복제 도구( )를 이용하여 아래 그림과 같이 몬스터를 편집해 주세요. 알맞은 크기의 브러쉬로 주변을 클릭 및 드래그하며 그려줍니다.

- **[똑가스] 레이어** : 몬스터 주변의 독가스를 만듭니다.
- **[알알이] 레이어** : 몬스터를 3마리로 복제합니다.
- **[메타뭉] 레이어** : 몬스터의 입을 하나만 남기고 지워줍니다.
- **[구라파덕] 레이어** : 몬스터 이마의 하트를 여러 개 복제합니다.

05 작업이 완료되면 psd와 jpg 파일로 각각 저장해 보세요. jpg 형식으로 저장할 때는 레이어를 각각 활성화하여 내보내기를 여러 번 작업합니다.

내가 꾸미는 캔버스

실습 및 완성파일 : [6일차] 폴더

1 표정 도장.psd 파일을 불러옵니다.

2 복제 도구( )를 이용하여 우측의 표정으로 캐릭터를 완성합니다.

 작업TIP 작업 시 유의해요!

복제 도구( ) 이용 시 브러쉬의 크기는 '500' 정도로 지정하고, Alt 를 누른 채 표정의 중앙을 클릭해 작업하는 것이 좋아요.

3 작업이 끝나면 psd와 jpg 형식으로 각각 저장해 보세요.

7일차 색조/채도로 꾸미는 3D 포토존

- 마법 지팡이 도구의 옵션을 변경하여 영역을 선택할 수 있습니다.
- 색조/채도 기능으로 자연스럽게 색상을 변경합니다.
- 레이어를 그룹화하여 이름을 지정할 수 있습니다.

>> 실습 및 완성파일 : [7일차] 폴더

Before

After

QUIZ

다음 중 채도가 더 높은 팔레트는 무엇일까요?

그래픽 과정을 학습한다면 색조, 채도, 명도라는 개념을 알고 있는 것이 좋아요. 색조란, 색의 조화를 말하는 것으로 채도와 명도를 포함하는 단어예요. 채도는 색의 맑고 탁한 정도를 나타내며, 명도는 색의 밝고 어둡기를 표현하지요.

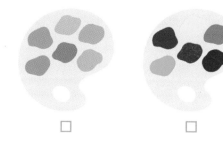

5일차 내용 중 스케치 된 그림에 색을 채울 때는 페인트 통 도구(🖐)또는 그레이디언트 도구(▬)를 이용한다고 배웠습니다. 만약 이미 채색이 된 그림을 내가 원하는 색상으로 바꾸려면 어떻게 해야 할까요? 바로 오늘 학습할 내용인데요. '색조 / 채도' 기능을 이용하면 이미 색이 채워져 있는 부분을 다른 색상으로 자연스럽게 변경할 수 있답니다.

01 포토존의 단상을 선택하기

01 크롬 브라우저를 통해 '포토피아'에 접속한 다음 [실습파일]-[7일차]-3D 포토존.psd 파일을 불러옵니다.

02 [배경] 레이어를 클릭한 다음 도구 모음에서 마법 지팡이(✶)를 찾아 선택합니다.

03 옵션 바를 아래 그림과 같이 지정한 후 아래 그림을 참고하여 단상을 여러 번 클릭하여 선택합니다.

- 캔버스 확대 : Alt 를 누른 채 마우스 휠 굴리기
- 시점 이동 : Space Bar 를 누른 채 마우스 캔버스 드래그

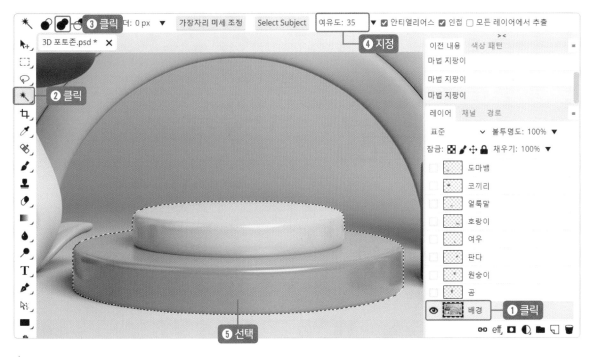

작업TIP 선택 시 유의해요!

- 바깥쪽 배경이 선택되었다면 Ctrl + Z 를 눌러 이전 단계로 되돌린 후 작업을 이어갑니다.
- 단상을 드래그하면 선택 영역이 급격하게 넓어질 수 있으니 '클릭'을 반복하여 선택해 주세요.

02 색조/채도를 이용해 색상 바꾸기

01 [이미지]-[조정]-[색조 / 채도]를 클릭합니다.

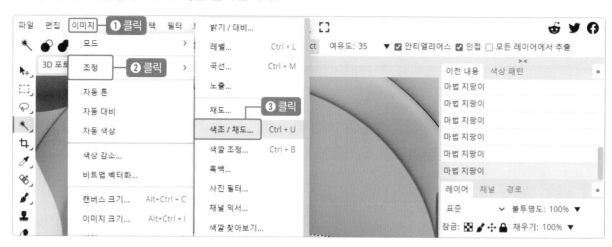

02 색조, 포화도, 밝기의 조절바를 드래그하여 원하는 색상을 만들어 보세요. 변경된 색상을 확인한 다음 Ctrl + D 를 눌러 선택을 해제합니다.

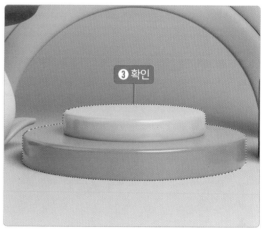

 작업TIP 색조/채도 기능을 사용하는 이유

그림자 효과, 질감 등이 포함되어 있는 이미지는 페인트 통으로 색을 채우는 것이 아닌, 색조/채도 기능으로 색상을 수정해야 해요.

▲ 색조/채도 기능으로 색상 변경

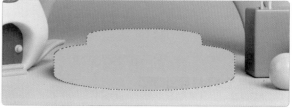

▲ 페인트 통 도구로 색상 변경

03 이번에는 우측 붉은색 가방을 선택해 봅니다. 선택 영역이 좁으니, 마법 지팡이(✳)의 여유도를 25 정도로 조절한 다음 작업할게요.

04 [이미지]-[조정]-[색조 / 채도]를 클릭한 다음 원하는 색상을 만들어 적용시켜 보세요.

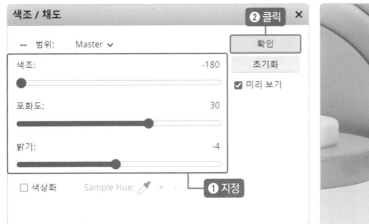

05 배운 기능을 활용하여 원하는 색감의 3D 포토존을 만들어 보세요.

 작업TIP 마법 지팡이(✳) 도구로 선택할 때 참고하세요!

- 선택하려는 부분에 따라 여유도 값을 변경하면서 작업해요.
- 원하지 않는 범위가 선택되었다면 Ctrl+Z를 눌러 되돌리거나, 옵션 바에서 ⚪(빼기)를 누른 채로 작업하면 선택된 범위는 제거됩니다.

01 [도마뱀] 레이어가 선택된 상태에서 Shift 를 누른 채 [곰] 레이어를 클릭한 다음 Ctrl + G 를 눌러 그룹으로 지정합니다.

02 그룹으로 지정된 레이어 폴더의 이름을 변경한 다음 레이어 폴더를 열어 포토존에 필요한 동물의 레이어를 활성화( ) 해주세요.

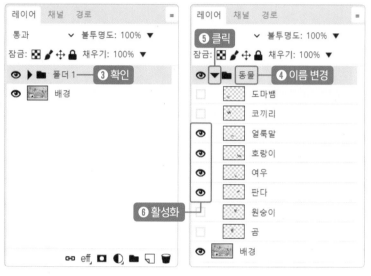

작업TIP 레이어 그룹화하기

비슷한 종류의 레이어가 여러 개 있을 경우에는 그룹화 기능으로 묶어 작업하는 것이 훨씬 편리해요. 그룹으로 지정할 레이어가 선택된 상태에서 [레이어]-[레이어 그룹화] 메뉴를 이용해도 그룹 지정이 가능하답니다.

03 활성화된 동물 레이어의 크기와 위치를 조절하여 나만의 포토존을 완성합니다.

04 작업이 끝나면 psd와 jpg 형식으로 각각 저장해 보세요.

내가 꾸미는 캔버스

실습 및 완성파일 : [7일차] 폴더

1 마린렌트카.psd 파일을 불러옵니다.

2 [자동차] 레이어를 선택한 다음 [이미지]-[조정]-[색조 / 채도] 메뉴를 이용해 원하는 자동차 색으로 변경합니다.

3 동일한 방법으로 [포스터] 레이어의 색상도 조절해 보세요.

 왜 선택영역을 지정하지 않나요?

[자동차] 레이어, [포스터] 레이어의 색을 전반적으로 조정할 때는 별도로 선택 영역을 지정하지 않아도 괜찮아요. 만약 특정 영역의 색을 바꾸려면 마법 지팡이(✳) 도구를 이용하는 것이 좋겠죠?

4 작업이 끝나면 psd와 jpg 형식으로 각각 저장해 보세요.

7일차 색조/채도로 꾸미는 3D 포토존   059

문자 도구로 글자 입력하기

8일차

오늘 배울 그래픽 기능

- 이동 도구의 옵션에 대해 알아봅니다.
- 문자를 입력하고 글꼴 서식을 변경할 수 있습니다.
- 뒤틀기 도구로 문자를 변형하고 레이어 스타일을 적용할 수 있습니다.

>> 실습 및 완성파일 : [8일차] 폴더

QUIZ

포토피아로 만든 작품을 수정하기 위해 필요한 파일은 무엇일까요?

우리가 지금까지 저장했던 방식은 psd와 jpg 파일이었어요. jpg나 png와 같은 이미지 형태의 파일은 단순히 완성된 작품을 열어보기 위한 저장 방식이며, psd는 작업했던 레이어 정보를 그대로 보존하여 수정 작업이 가능한 원본 파일 형태입니다.

☐ jpg   ☐ png   ☐ psd   ☐ gif

이모티콘에 말장난, 사투리, 의성어 등 다양한 문구가 추가되면 조금 더 재미난 상황을 연출할 수 있어요.

포토피아에서는 텍스트를 쉽게 입력하고 꾸밀 수 있도록 여러 가지 기능을 제공한답니다.

 01 이동 도구( )로 레이어 재배치하기

01 크롬 브라우저를 통해 '포토피아'에 접속한 다음 [실습파일]-[8일차]-글자입력.psd 파일을 불러옵니다.

02 작업 전 아래 예시를 참고해 이모티콘에 적당한 문구를 미리 적어보도록 할까요? 문구는 이모티콘의 위, 아래, 왼쪽, 오른쪽 어디에 넣어도 좋아요!

03 앞에서 적어본 글자가 이모티콘에 들어갈 수 있도록 레이어를 재배치 해보겠습니다.

04 이동 도구(✛)의 옵션 바에서 '자동 선택'에 체크를 한 다음 각각의 그림들을 원하는 위치로 드래그 해주세요.

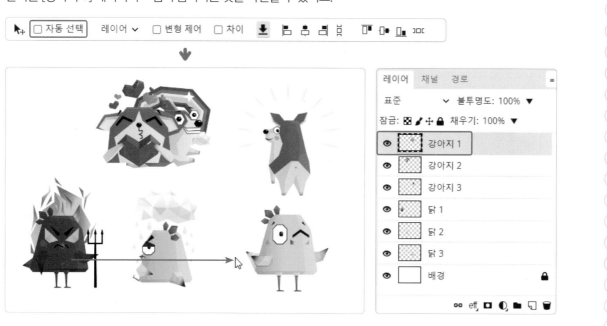

작업 TIP 이동 도구(✛)의 옵션 중 자동 선택 기능은 무엇일까요?

'자동 선택'에 체크가 된 상태에서 캔버스의 그림을 드래그하면 해당 레이어가 선택되어 움직이는 기능이에요. 자동 선택에 체크를 해제하면 현재 선택된 레이어의 그림만 움직이게 됩니다. 아래 그림에서 화가 난 닭 그림을 드래그 했지만, 현재 선택된 [강아지 1] 레이어의 그림이 움직이는 것을 확인할 수 있어요.

02 문자를 입력한 후 글꼴 서식 변경하기

01 [강아지 1] 레이어를 선택한 후 도구 모음에서 문자 도구(T)를 클릭합니다.

02 캔버스의 빈 곳을 클릭하여 '조으당개'를 입력한 다음 Ctrl+Enter를 누릅니다.

03 글꼴 서식을 바꾸기 전, 예쁜 폰트를 불러오도록 할게요. 문자 도구(T) 옵션 바에서 현재 선택된 글꼴을 클릭한 다음 모두 선택에 체크를 해제합니다.

04 <글꼴 불러오는 중> 단추를 눌러 [실습파일]-[네이버 나눔 서체] 폴더에서 원하는 글꼴을 가져올 수 있습니다.

05 불러온 글꼴을 적용시키기 위해 [조으당개] 레이어가 선택된 상태에서 문자 도구(T) 옵션 바에서 글꼴 서식을 변경해 보세요.

06 도구 모음에서 이동 도구(✛)를 선택한 다음 옵션 바의 자동 선택 체크를 해제합니다.

07 [조으당개] 레이어가 선택된 것을 확인한 후 적당한 위치로 이동해 주세요.

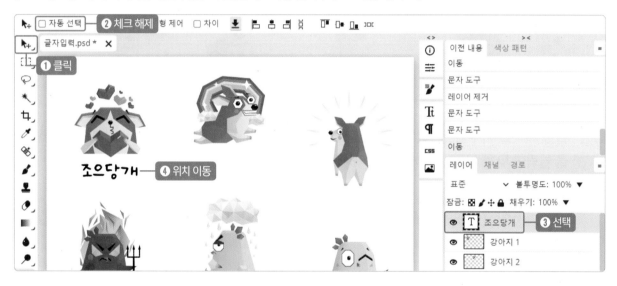

작업TIP **포토피아에서 제공하는 기본 글꼴도 함께 활용해요!**

글꼴 목록에서 모두 선택에 체크한 다음 'Hangul' 언어만 선택하면 내가 불러온 글꼴 및 포토피아에서 기본적으로 제공하는 글꼴을 한 번에 확인할 수 있어 편리합니다.

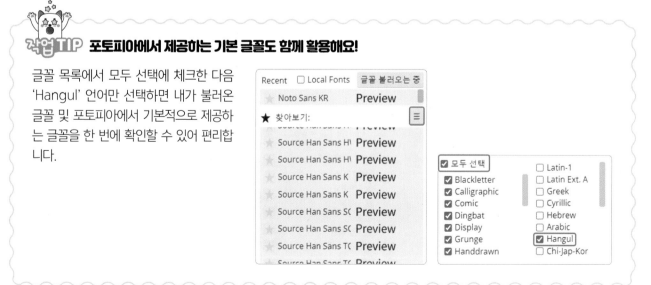

03 문자를 변형하고 레이어 효과 적용하기

01 도구 모음에서 문자 도구(T)를 이용하여 061 페이지에서 적어보았던 이모티콘 문구를 입력합니다.

02 앞에서 배운 방법대로 원하는 글꼴 서식으로 변경한 다음 위치도 조절합니다. 이번에는 글꼴의 색상도 예쁘게 변경해 보도록 할게요.

03 옵션 바에서 <뒤틀기>를 클릭해 원하는 스타일을 지정해 보세요.

04 해당 레이어가 선택된 상태에서 레이어 패널 창의 eff.(레이어 스타일)−[획]을 클릭하여 크기와 채우기 유형의 색상을 지정합니다.

05 편집된 텍스트를 확인한 다음 나머지 이모티콘에도 원하는 내용을 입력하고 꾸며 보세요. 문구 입력이 완료되면 레이어들의 위치를 적당하게 조절해 줍니다.

〈뒤틀기〉 이렇게 적용했어요!

1 아치형(田) ▶ 세로
▶ 25%, 0%, 0%

2 포물선(⊟) ▶ 가로
▶ 50%, −40%, 0%

3 셀 낮게(⊟) ▶ 가로
▶ 50%, −40%, 25%

4 깃발(⊞) ▶ 가로
▶ 30%, 0%, 0%

작업TIP 글자를 세로로 입력하고 싶어요!

문자 도구(T)를 2초 정도 길게 누르면 활성화되는 세로 문자 도구(IT)를 이용하여 작업합니다.

06 작업이 완료되면 psd와 jpg 파일로 각각 저장해 보세요.

내가 꾸미는 캔버스

1 캐릭터문구.psd 파일을 불러옵니다.

2 이동 도구( )를 이용하여 원하는 위치에 각각의 레이어를 배치합니다.

3 문자 도구(T)를 이용하여 상황에 어울리는 문구를 입력한 다음 글꼴 서식, 문자 변형, 레이어 효과를 이용하여 꾸며봅니다.

작업TIP 텍스트 정렬

2줄 이상 입력되는 텍스트의 정렬은 문자 도구(T)의 옵션 바에서 지정할 수 있어요.

4 작업이 끝나면 psd와 jpg 형식으로 각각 저장해 보세요.

9 일차 붓 도구로 캐릭터 그리기

오늘 배울 그래픽 기능

- 필요한 크기의 캔버스를 만듭니다.
- 레이어의 투명도를 조절합니다.
- 붓 도구의 옵션을 지정하여 그림을 그립니다.

>> 실습 및 완성파일 : [9일차] 폴더

Before
캐릭터 그리기.psd ✕

캐릭터 그리기(완성).psd ✕
After

QUIZ
다음 중 트레이싱에 가까운 그림은 무엇일까요?

트레이싱이란 그림 위에 얇은 종이를 올려놓고 펜을 이용해 똑같이 그리는 것을 의미하며, '그림을 그대로 복사하는 것'이라고 생각하면 쉽게 이해가 가능할 거예요. 다만, 다른 사람의 작품을 트레이싱하여 SNS로 공유하게 되면 문제가 발생할 수 있으니 유의하는 것이 좋습니다.

원본 □ ➤   원본 □ ➤

아마 그림판을 다뤄봤다면 마우스로 그림을 그려본 적이 있을 거예요. 포토피아에서는 '붓 도구(🖌)'라는 툴의 옵션을 변경해 마우스로도 쉽게 그림을 그릴 수 있답니다. 손으로 스케치한 종이를 사진으로 찍은 다음 포토피아에 불러와 똑같이 따라 그리는 방법도 있으니 참고하세요!

 ## 01 새 프로젝트를 만든 후 스케치 이미지 불러오기

01 크롬 브라우저를 통해 '포토피아'에 접속하여 <새 프로젝트>를 클릭한 다음 캔버스 옵션을 지정합니다.

02 [파일]-[열기]를 클릭하여 [실습파일]-[9일차]-캐릭터 스케치.jpg 파일을 불러옵니다.

03 [캐릭터 스케치] 캔버스에서 Ctrl+A를 눌러 캔버스가 모두 선택되면 Ctrl+C를 눌러 복사합니다. 이어서, [캐릭터 그리기] 캔버스에서 Ctrl+V를 누릅니다.

01 그림을 그리기 위해 다음과 같이 레이어를 3개 추가하고, 이름을 변경해 보세요.

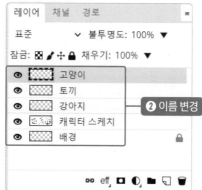

작업TIP 레이어를 사용하는 이유

아래 그림과 같이 하나의 레이어로 이루어진 그림에서 벌을 제거한다면 원본 이미지가 손상됩니다. 각각의 레이어에 따로 그림을 그린 경우엔 벌이 그려진 레이어만 깔끔하게 지울 수 있어요.

▲ 원본 이미지　　　　　　▲ 하나의 레이어로 작업　　　　　　▲ 여러 개의 레이어로 작업

02 레이어 패널 창에서 [캐릭터 스케치] 레이어를 선택한 다음 불투명도를 40% 정도로 조절하고 (잠금) 아이콘을 눌러 레이어를 고정시킵니다.

03 붓 도구(🖌)로 고양이 그리기

01 [고양이] 레이어를 선택한 다음 도구 모음에서 붓 도구(🖌)를 클릭합니다.

02 옵션 바를 아래 그림과 같이 지정하고 붓의 색상을 변경해 주세요.

03 자, 이제 그리기 준비가 모두 완료되었으니 아래 작업 과정을 참고하여 [고양이] 레이어에 그림을 그려 보도록 합니다.

작업TIP 작업 되돌리기

캔버스에 그림을 그리는 도중 실수를 했다면 [Ctrl]+[Z]를 눌러 바로 이전 상태로 되돌립니다. 삐뚤빼뚤하게 그리는 것이 손그림의 매력이니 자신감을 가지고 그려주세요!

04 레이어 패널 창에서 [캐릭터 스케치] 레이어를 비활성화하여 내가 그린 고양이 그림을 확인해보세요.

04 토끼와 강아지 그리기

01 [캐릭터 스케치] 레이어의 👁 아이콘을 눌러 해당 레이어를 다시 활성화 시켜주세요. 그다음 [토끼] 레이어를 선택합니다.

02 아래 작업 과정을 참고하여 토끼 캐릭터를 그려줍니다.

03 이번에는 [강아지] 레이어를 선택한 후 작업 과정을 참고하여 강아지 캐릭터를 그려줍니다.

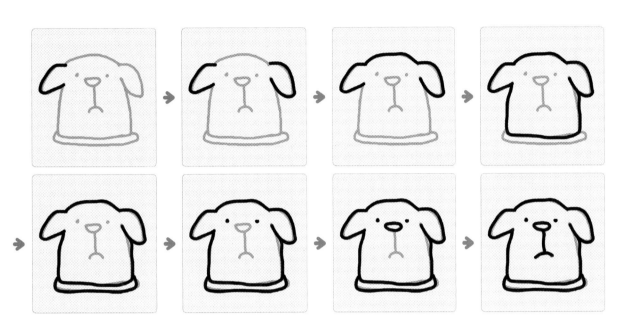

04 [캐릭터 스케치] 레이어를 삭제한 다음 psd와 png 파일로 각각 저장해 보세요.

 채색을 하면 더 좋아요!

5일차 내용을 참고하여 캐릭터를 색칠한다면 훨씬 멋진 작품을
완성할 수 있어요!

작업TIP 선 그리기 연습을 해요!

1 [실습파일]–[9일차]–선그리기.psd 파일을 불러와 [선 그리기] 레이어를 선택합니다.

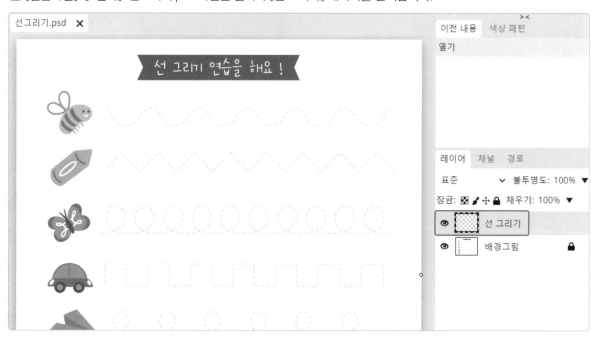

2 붓 도구(🖌)의 크기를 15정도로, '매끄럽게' 값은 50으로 지정합니다.

3 원하는 색상을 선택한 다음 꿀벌의 이동 경로를 그려보세요.

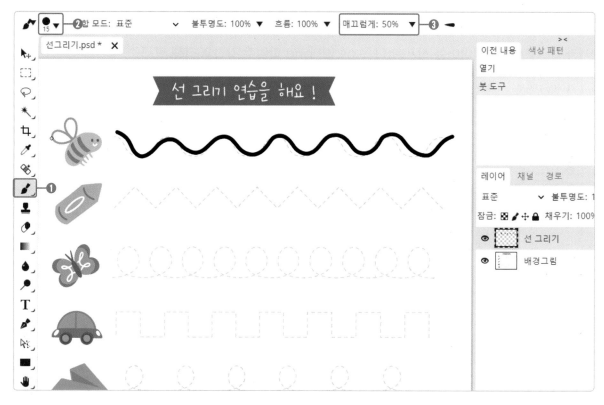

4 이번에는 '매끄럽게' 값을 20으로 지정하여 색연필의 이동 경로를 그려보세요.

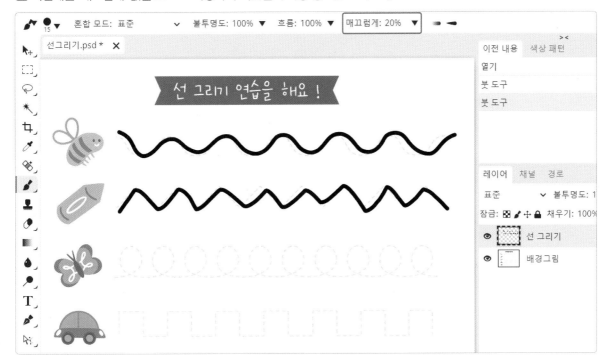

5 '매끄럽게' 옵션 값을 아래와 같이 지정하여 나머지 선을 그려봅니다. 직선을 그릴 때는 값을 낮추고, 곡선을 그릴 때는 값을 조금 더 높여주었답니다!

| • 나비 : 60 | • 자동차 : 30 | • 비행기 : 40 |

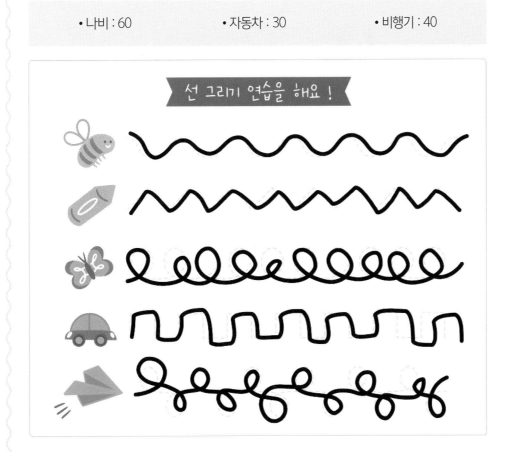

내가 꾸미는 캔버스

실습 및 완성파일 : [9일차] 폴더

 만화적표현그리기.psd 파일을 불러옵니다.

 [만화적 표현] 레이어를 클릭한 다음 붓 도구(✏)로 만화적 표현을 따라 그립니다. 붓의 크기는 '8', 매끄럽게 값은 '50' 정도로 작업하는 것을 추천해요!

3 [그림자] 레이어를 삭제하여 직접 그린 그림을 확인해 보세요.

작업TIP 만화적 표현이 무엇인가요?

이모티콘 만들기에 필요한 요소로 PART 02의 17일차에서 자세히 배워볼 거예요.

 작업이 끝나면 psd와 jpg 형식으로 각각 저장해 보세요.

10 일차 클리핑 마스크로 디자인하기

오늘 배울 그래픽 기능

- 색상 모드에 대해 알아보고 값을 입력하여 색을 선택합니다.
- 클리핑 마스크 기능으로 원하는 부분에 패턴 그림을 적용할 수 있습니다.

>> 실습 및 완성파일 : [10일차] 폴더

Before

After

패션아이템(완성).psd ✕

QUIZ

다음과 같은 용도로 그림을 그린다면 어떤 색상 모드로 작업하는 것이 좋을까요?

색상을 표현하는 대표적인 방식에는 RGB와 CMYK가 있어요. RGB는 모니터, 휴대폰을 통해 보여지는 이미지에, CMYK는 책, 스티커, 굿즈 등과 같은 인쇄물을 작업할 때 사용되는 색상 모드입니다.

Ⓐ

Ⓑ

- Ⓐ 캐릭터 그림을 스마트폰 배경 화면으로 설정했어요.
- Ⓑ 캐릭터 그림을 유리잔에 인쇄했어요.

☐ RGB　　　　☐ RGB
☐ CMYK　　　☐ CMYK

오늘 배울 기능인 '클리핑 마스크'는 A라는 도형의 영역에 B라는 사진을 넣는 작업이에요. 잘 활용한다면

아래 그림처럼 멋진 포스터도 완성할 수 있겠죠?

01 값을 입력하여 색상 지정하기

01 크롬 브라우저를 통해 '포토피아'에 접속한 다음 [실습파일]-[10일차]-패션아이템.psd 파일을 불러옵니다.

02 [모자] 레이어가 선택된 상태에서 페인트 통 도구(🖸)를 클릭한 후 색을 선택하기 위해 전경색을 클릭합니다.

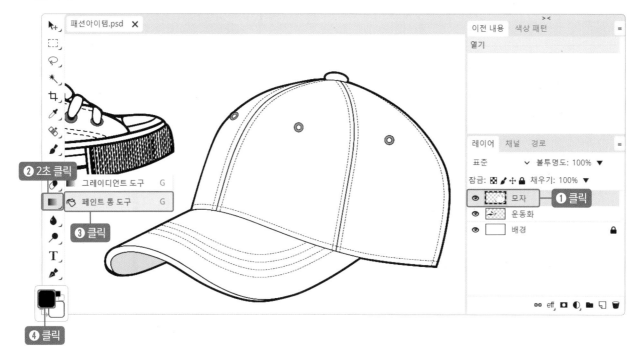

작업TIP [색상 선택기] 대화상자 파헤치기!

색상 선택과 관련하여 꼭 필요한 기능만 담았으니 차근차근 살펴보세요.

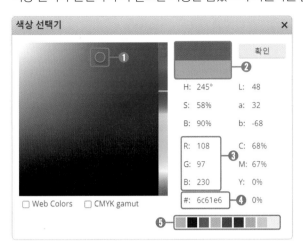

1️⃣ 마우스 포인터로 클릭해 원하는 색을 지정합니다.

2️⃣ 위쪽은 현재 색상이며, 아래쪽은 기존에 선택되어 있던 색상입니다.

3️⃣ Red(빨간색), Green(녹색), Blue(파란색)을 혼합하여 색상을 표시하는 방식으로 모니터에서 결과물을 보기에 적합합니다.

4️⃣ #과 6자리의 문자로 이뤄졌으며, RGB 색상을 변환한 값입니다.

5️⃣ 최근에 사용했던 색상이 표시됩니다.

03 다음 색상 코드를 참고하여 RGB 값을 이용해 색상을 채워보도록 하겠습니다. 원하는 색상의 RGB 값을 입력해 주세요.

색상	R	G	B	색상	R	G	B
	240	235	141		239	154	154
	193	161	216		250	238	231
	28	154	139		202	240	248
	153	153	153		0	129	180

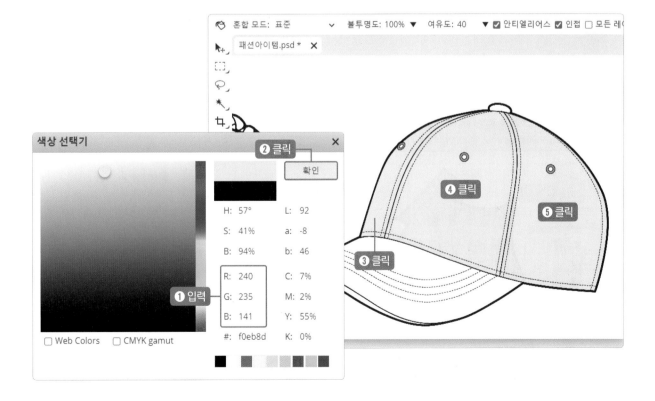

04 [색상 선택기]에서 원하는 색을 골라 모자와 신발을 채색합니다. 이때 그림의 검정색 테두리가 선택되지 않도록 주의해 주세요.

 **채색할 때 유의해요!**

· 모자를 색칠할 때는 [모자] 레이어를, 운동화를 색칠할 때는 [운동화] 레이어를 선택한 다음 작업합니다.
· 신발 끈 주변은 캔버스를 확대하여 작업하는 것이 편리할 거예요.

 02 클리핑 마스크 적용하기

01 [운동화] 레이어가 선택된 상태에서 마법 지팡이(✳)로 운동화의 옆면을 선택한 다음 Ctrl + J 를 눌러 해당 영역을 레이어로 복제합니다.

02 운동화의 옆면이 새로운 레이어로 생성된 것을 확인한 후 레이어 이름을 변경합니다.

03 [파일]-[열기]를 클릭하여 [실습파일]-[10일차]-[패턴]에서 원하는 이미지 파일을 불러옵니다.

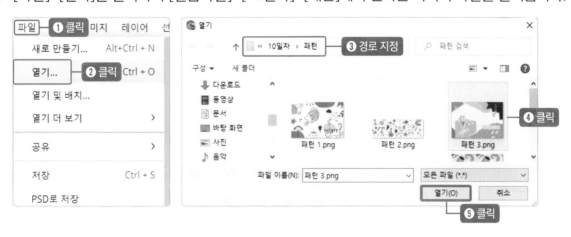

04 불러온 패턴 이미지를 [패션아이템] 캔버스로 가져와 운동화 옆면을 덮을 수 있도록 크기 및 위치를 조절하고 레이어 이름을 변경해 주세요.

    • 복사 : Ctrl + C   • 붙여넣기 : Ctrl + V   • 크기 조절 : Alt + Ctrl + T

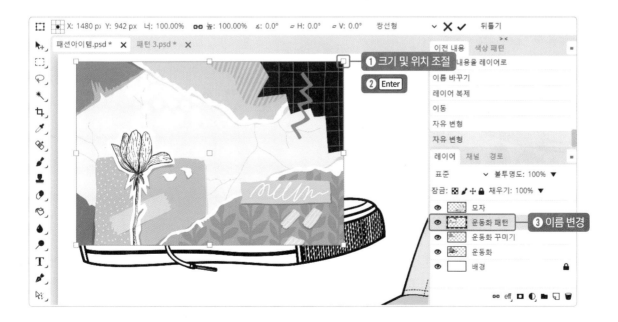

05 레이어의 순서를 아래 그림과 동일하게 맞춰준 다음 [운동화 패턴] 레이어 위에서 마우스 오른쪽 버튼을 눌러 [클리핑 마스크]를 선택합니다.

06 아래 과정을 참고하여 모자에도 클리핑 마스크를 적용해 보세요.

1 [모자] 레이어 클릭   2 마법 지팡이(✦)로 Shift 를 누른 채 모자 앞면과 옆면을 각각 선택

3 Ctrl + J 를 눌러 선택 영역을 레이어로 복제   4 레이어 이름 변경(모자 꾸미기)

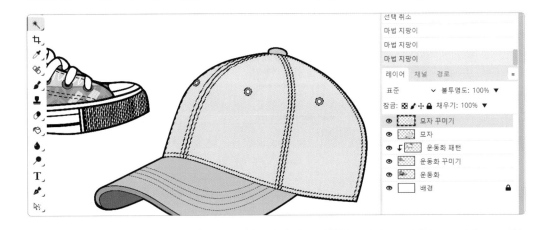

5 [파일]-[열기]를 클릭하여 원하는 패턴 이미지를 불러오기

6 [패션아이템] 캔버스로 가져와 크기 및 위치를 모자 위쪽으로 조절

7 레이어 이름 변경(모자 패턴)   8 [모자 패턴] 레이어에서 클리핑 마스크 적용

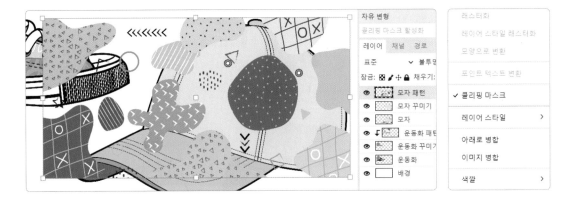

07 작업이 완료되면 psd와 jpg 파일로 각각 저장해 보세요.

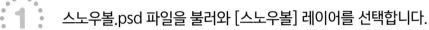

1 스노우볼.psd 파일을 불러와 [스노우볼] 레이어를 선택합니다.

2 마법 지팡이(✦) 도구로 스노우볼의 중앙을 클릭한 다음 Ctrl+J를 눌러 해당 부분을 레이어로 복제해 주세요. 복제된 레이어의 이름을 변경합니다.

3 [10일차]-[스노우볼 그림] 폴더에서 원하는 그림을 [스노우볼] 캔버스로 불러옵니다.

4 스노우볼의 중앙 부분이 모두 덮일 정도로 크기를 조절한 다음 [클리핑 마스크]를 적용합니다.

5 [스노우볼] 레이어를 선택하여 페인트 통으로 예쁘게 색칠한 후 [반짝이] 레이어를 활성화 시킵니다. 문자 도구(T)를 이용해 글자도 입력해 볼까요?

6 작업이 끝나면 psd와 png 형식으로 각각 저장해 보세요.

얼룩 복구 브러쉬 도구와 액화 필터로 인물 보정하기

오늘 배울
그래픽 기능

- 캔버스를 원하는 크기로 잘라낼 수 있습니다.
- 얼룩 복구 브러쉬 도구와 액화 필터 기능을 활용하는 방법을 익힙니다.
- 레이어에 혼합 모드를 지정하고 레이어를 병합합니다.

>> **실습 및 완성파일** : [11일차] 폴더

Before

여자얼굴.psd ✕

After

여자얼굴(완성).psd ✕

QUIZ

아래에서 설명하는 도구의 이름을 <보기>에서 찾아 적어 보세요.

〈보기〉

ⓐ 클리핑 마스크

ⓑ 얼룩 복구 브러쉬 도구

ⓒ 그레이디언트

ⓓ 마법지팡이

- 그라데이션 기법으로 색을 채울 수 있어요.

- 특정 모양이 있는 레이어에 원하는 그림을 넣을 수 있어요.

- 주변의 질감을 자동 분석하여 작은 흠집을 쉽게 지울 수 있어요.

- 이미지에서 비슷한 색을 인식해 선택 범위로 지정해요.

'포샵했다.'라는 말, 한번쯤 들어보았나요? 포샵은 '포토샵'의 줄임말이며, 대체로 인물이나 배경 사진을 찍은 후 그래픽 툴을 이용해 보정하는 작업을 의미하고 있습니다. 오늘은 포토피아에서 인물 사진을 이용해 깨끗하고 환한 피부, 갸름한 얼굴 등을 표현하는 방법에 대해 알아보도록 할게요.

01 캔버스를 원하는 크기로 자르기

01 크롬 브라우저를 통해 '포토피아'에 접속한 다음 [실습파일]-[11일차]-여자얼굴.psd 파일을 불러옵니다.

02 도구 모음에서 자르기 도구(🗗)를 선택하여 조절점이 활성화되면 아래 그림과 같이 드래그한 후 Enter를 누릅니다.

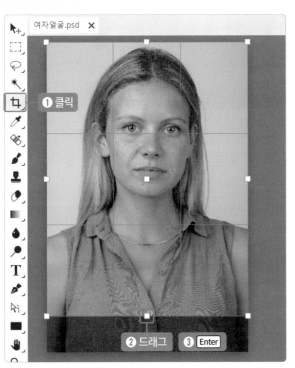 

 자르기 비율 옵션 지정하기

자르기 도구(🗗)의 옵션 바에서 비율을 선택하면 해당 비율에 맞추어 자르기 프레임이 만들어 집니다.

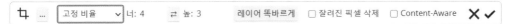

01 [이미지 보정] 레이어를 선택하여 작업합니다.

02 도구 모음에서 얼룩 복구 브러쉬 도구(🩹)를 선택한 다음 브러쉬 크기를 20 정도로 맞춰주세요.

03 인물의 턱 부분이 크게 보일 수 있도록 캔버스를 확대한 다음 입술 아래쪽의 흉터를 클릭하여 깨끗하게 지워줍니다.

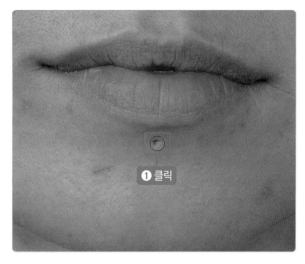
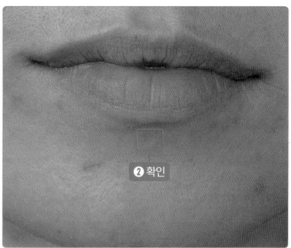

 작업TIP 얼룩 복구 브러쉬 도구(🩹)란?

해당 도구로 선택된 부분을 주변 이미지로 덮는 기능으로, 인물 사진 보정 시 잡티를 제거하는 용도로 많이 활용되고 있어요.

04 동일한 방법으로 피부의 잡티(흉터, 점, 화장품 자국 등)을 모두 지워주세요. 지우려는 영역 크기에 따라 브러쉬 크기를 조절하며 작업합니다.

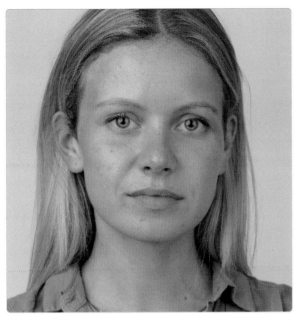
▲ 작업 전

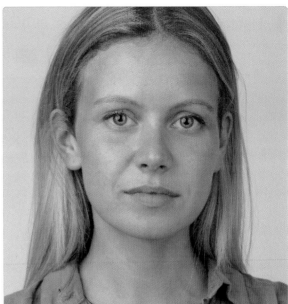
▲ 작업 후

얼룩 복구 브러쉬 도구(✎)로 잡티 제거하기!

1 지우려는 영역에 알맞게 브러쉬 크기를 조절한 후 작업하는 것이 좋아요.
2 점이나 흉터와 같이 큰 잡티 위주로만 지워주세요. 작은 흉터까지 빈번하게 지우다보면 결과물이 다소 어색해질 수 있답니다.

05 이번에는 코와 입 주변의 주름을 드래그하여 제거해 보세요. 한 번에 넓은 범위를 드래그하는 것보다 짧게 끊어가면서 작업하는 것이 좋아요.

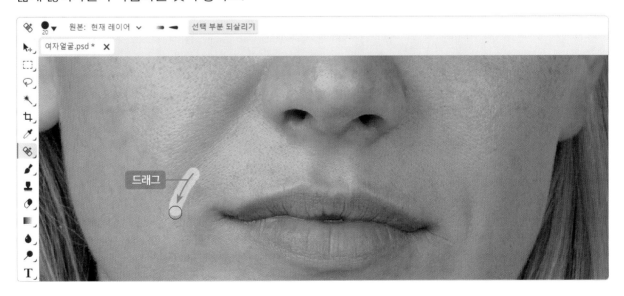

01 [필터]-[액화]를 클릭하여 얼굴이 잘 보이도록 확대해 주세요.

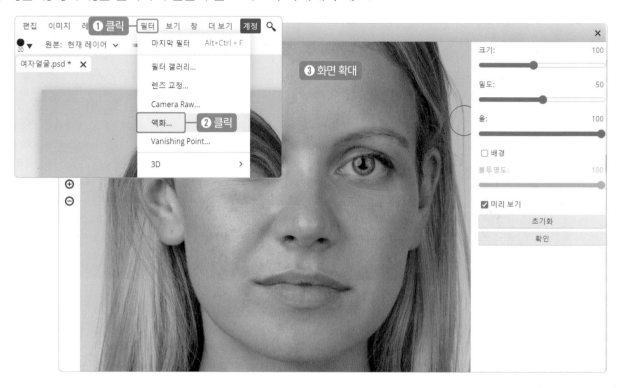

02 ⧉(첫 번째 도구)가 선택된 상태에서 옵션을 그림과 같이 지정한 다음 턱을 여러 번 안쪽으로 드래그하여 갸름하게 만들어 줍니다.

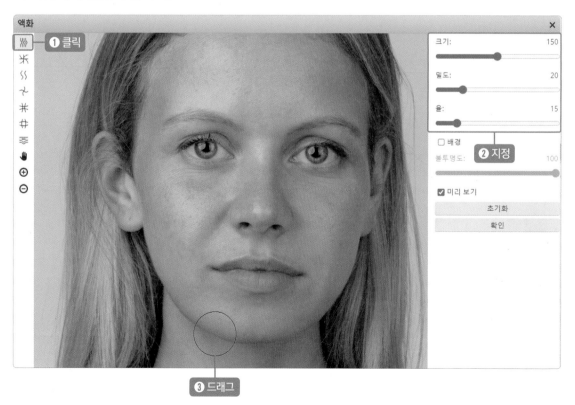

03 이번에는 크기를 50정도로 변경한 다음 입 꼬리를 위쪽으로 드래그하여 미소를 짓는 모습으로 바꿔보겠습니다.

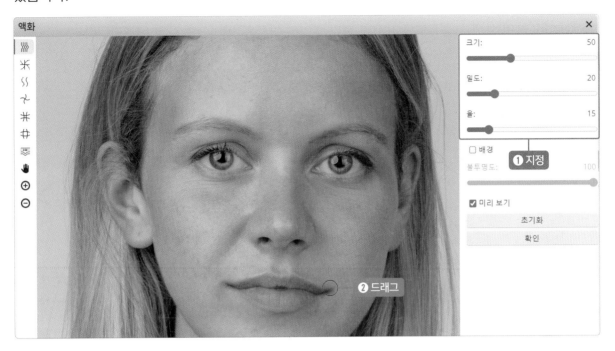

04 ⊞(여섯 번째 도구)를 선택하여 옵션을 그림과 같이 지정한 다음 눈을 클릭하여 확대합니다. 이어서, <확인>을 클릭해 변형한 모습을 적용합니다.

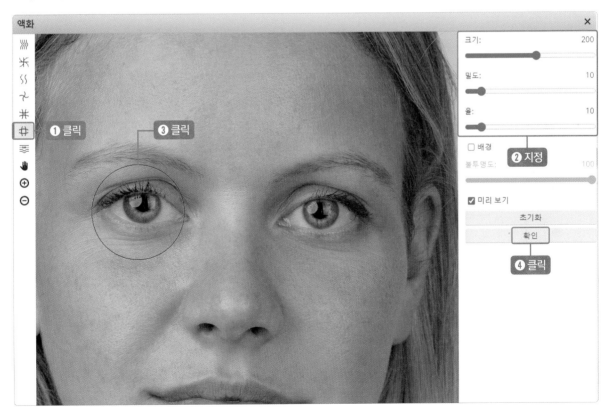

04 혼합모드를 조절해 메이크업 효과 주기

01 레이어 패널 창에서 (새 레이어)를 클릭한 다음 이름을 '메이크업'으로 변경합니다.

02 도구 모음에서 붓 도구( )를 선택한 다음 아래와 같이 색칠해 주세요. 얼굴과 목 부분은 흰색, 입술은 붉은 색 계열로 선택하는 것이 좋아요.

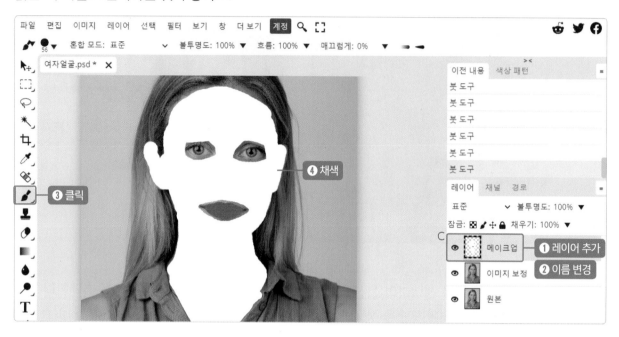

03 레이어 패널 창에서 혼합모드와 불투명도, 채우기 옵션을 아래 그림과 같이 변경하여 결과를 확인합니다. 만약 어색한 부분이 있다면 덧칠해주세요.

04 [메이크업] 레이어 위에서 마우스 오른쪽 버튼을 눌러 [아래로 병합]을 클릭한 다음 [이미지 보정] 레이어를 비활성화하여 원본 이미지와 비교해 봅니다.

05 작업이 끝나면 psd와 jpg 형식으로 각각 저장해 보세요.

내가 꾸미는 캔버스

실습 및 완성파일 : [11일차] 폴더

1 헤어스타일.psd 파일을 불러옵니다. 자르기 도구(🔲)를 이용하여 캔버스의 가로 사이즈를 줄입니다.

2 [이미지 보정] 레이어에서 얼룩 복구 브러쉬 도구(🩹)로 얼굴과 목의 점을 지워줍니다.

3 [필터]-[액화]에서 🌀(네 번째 도구)를 선택 후 머리카락 부분을 드래그하여 펌 헤어 모양을 완성합니다.

• 크기 : 100, 밀도 : 40, 율 : 40 정도로 옵션 지정

4 작업이 끝나면 psd와 jpg 형식으로 각각 저장해 보세요.

12 일차 목업 파일을 이용해 제품 디자인하기

오늘 배울 그래픽 기능

- 목업 파일이란 무엇인지 알아봅니다.
- 목업 파일을 이용해 원하는 그림을 합성해 봅니다.
- 목업 파일을 이용해 내가 그린 그림 또는 글자를 합성합니다.

≫ **실습 및 완성파일** : [12일차] 폴더

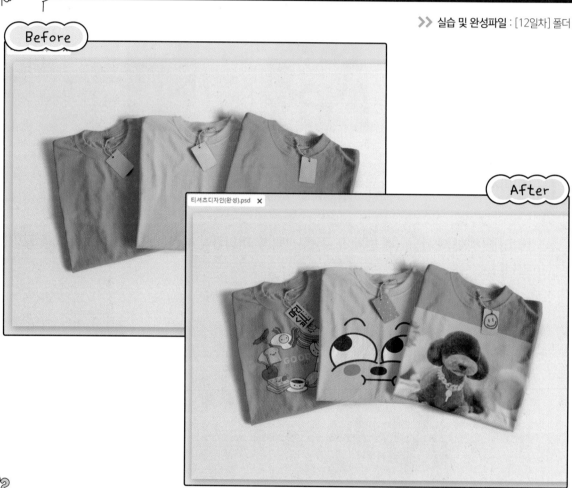

Before

After

티셔츠디자인(완성).psd ✕

QUIZ
아래 설명을 읽고 관련된 직업을 적어보세요.

이 직업은 패션, 제품, 그래픽, 인테리어, 건축, 게임 등 다양한 분야에서 활동하고 있습니다. 우리 눈에 보이는 것을 아름답고 편리하게 만들어주는 직업이에요. 시각적인 요소뿐만 아니라 기능성, 안정성, 사용성, 효율성 등 여러 가지를 고려해 작업해야 합니다.

목업(mock-up)을 우리나라 단어로 바꿔본다면 '실물 모형' 정도로 이해할 수 있으며, 실제 제품을 출시하기 전 디자인 검토를 위해 실물과 비슷하게 만드는 그래픽 작업입니다. 아래 이미지는 창문 광고 게시판 목업 파일을 이용한 결과물이에요.

 ## 01 티셔츠에 내가 원하는 그림 합성하기

01 내가 의상 디자이너라고 생각하고 아래 티셔츠에 그림 또는 글씨를 적어보세요. 여러분은 어떤 옷을 디자인 해보고 싶은가요?

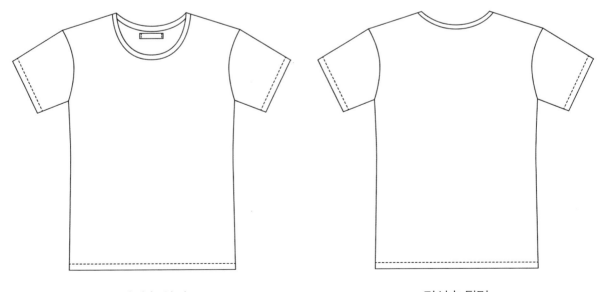

티셔츠 앞면   티셔츠 뒷면

02 크롬 브라우저를 통해 '포토피아'에 접속한 다음 [실습파일]-[12일차]-티셔츠디자인.psd 파일을 불러 옵니다.

03 레이어 패널 창의 [디자인] 레이어 그룹에 속해있는 레이어를 활용해 작업하겠습니다. [리소스], [그림 자], [배경] 레이어 그룹은 건드리지 않도록 주의해 주세요.

04 [오른쪽 티셔츠] 레이어의 썸네일 부분을 더블 클릭하여 새롭게 캔버스가 열리는 것을 확인합니다.

05 [파일]-[열기]를 클릭하여 [실습파일]-[12일차]-[그림]에서 원하는 이미지 파일을 불러옵니다. 교재 에서는 '강아지.jpg' 파일을 이용했어요.

06 불러온 그림을 복사한 다음 [CanvasTshirt3] 캔버스 탭에 붙여넣고, 미리 지정된 안내선을 참고하여 크기 및 위치를 조절합니다.

• 복사 : Ctrl + C   • 붙여넣기 : Ctrl + V   • 크기 조절 : Alt + Ctrl + T

07 작업이 완료되면 Ctrl + S 를 눌러 저장해 주세요.

08 [티셔츠디자인] 캔버스 탭을 클릭하여 오른쪽 티셔츠에 선택한 사진이 예쁘게 합성된 것을 확인해 보세요!

작업TIP 원하는 대로 그림이 들어가지 않았어요!

[CanvasTshirt3] 캔버스에서 그림의 크기와 위치를 다시 조절한 후 Ctrl + S 를 누르면 수정할 수 있어요. 이 작업을 여러 번 반복해야 원하는 결과물을 얻을 수 있을 거예요.

 02 라벨에 나만의 로고 만들어 넣기

01 이번에는 티셔츠 안쪽의 라벨을 디자인 해보겠습니다. [오른쪽 라벨] 레이어의 썸네일 부분을 더블 클릭하여 새롭게 캔버스가 열리는 것을 확인합니다.

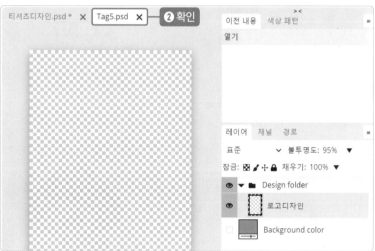

 작업TIP 불필요한 캔버스는 종료해요!

티셔츠 3개와 라벨 3개 레이어에 그림을 넣는 작업을 반복해야 합니다. 헷갈리지 않도록 불필요하거나 디자인이 완료된 캔버스는 종료하면서 작업을 이어가는 게 좋아요!

02 도구 모음에서 붓 도구( )를 클릭한 후 매끄럽게 옵션을 25% 정도로 지정합니다. 붓의 크기와 색상은 원하는 대로 변경해 주세요.

096

03 [로고디자인] 레이어가 선택된 것을 확인한 다음 빈 캔버스에 자유롭게 그림을 그려봅니다.

04 그리기 작업이 끝나면 Ctrl+S를 눌러 저장한 다음 [티셔츠디자인] 캔버스 탭을 클릭해 결과물을 확인해 보세요.

 **더 활용하기!**

직접 찍은 사진 또는 인터넷 검색으로 다운로드 받은 이미지를 넣으면 나만의 멋진 작품을 만들 수 있어요.

03 나머지 디자인 완성하기

01 배운 기능을 참고하여 [왼쪽 티셔츠] 레이어와 [가운데 티셔츠] 레이어에 원하는 그림을 적용해 보세요.

02 이번에는 [왼쪽 라벨] 레이어와 [가운데 라벨] 레이어에 글자를 적어보거나 그림을 그려봅니다.

 책에서는 이렇게 작업했어요!

[왼쪽 라벨]은 자유롭게 로고를 만들어 보았고, [가운데 라벨]은 배경에 색을 채운 다음 흰색으로 땡땡이 무늬를 그려 넣었어요. 붓 도구( )를 이용할 때 Shift 를 누른 채 드래그하면 직선으로 그림을 그릴 수 있답니다.

 ◀ [왼쪽 라벨]    ◀ [가운데 라벨]

03 작업이 끝나면 psd와 jpg 형식으로 각각 저장해 보세요.

1 과자디자인.psd 파일을 불러와 [디자인] 레이어의 썸네일 부분을 더블 클릭합니다.

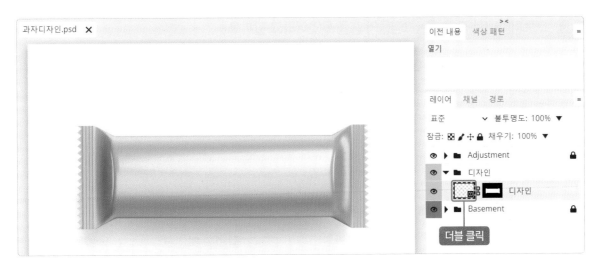

2 빈 캔버스가 활성화되면 붓 도구(✐)를 이용하여 자유롭게 배경을 그려줍니다.

3 [12일차]-[그림] 폴더에서 원하는 그림을 넣고 문자 도구(T.)로 텍스트도 입력해 줍니다.

4 Ctrl+S 를 눌러 저장한 다음 [과자디자인] 캔버스에 적용된 디자인을 확인합니다.

▲ 배경 꾸미기   ▲ 텍스트&그림 넣기

5 작업이 끝나면 psd와 jpg 형식으로 각각 저장해 보세요.

13 일차 배운 내용 정리하기

포토피아와 관련된 문제를 풀어보면서 지금까지 배운 내용을 정리해 보아요.

01 포토피아에서 작업하는 그림들의 층을 무엇이라고 할까요?

① 라이언
② 라이아
③ 레이어
④ 라인업

02 선택한 도형 모양에 원하는 이미지를 집어넣을 수 있는 기능은 무엇일까요?

① 레이어 마스크   ② 벡터 마스크   ③ 클리핑 마스크   ④ 화이트 마스크

03 선택 영역의 색상을 빠르고 자연스럽게 바꾸기 위해 사용하는 기능은 무엇일까요?

① 색조/채도
② 단색 채우기
③ 그레이디언트 채우기
④ 패턴 채우기

04 포토피아에서 사용하는 영역 선택 도구가 아닌 것은 무엇일까요?

① 자석 올가미 선택(🐍)   ② 개체 선택(🖼)   ③ 마법 지팡이(✳)   ④ 손 도구(✋)

05 각 기능의 바로 가기 키로 알맞은 곳에 연결해 보세요.

실행 취소	캔버스 확대	크기 조절	레이어 복제	선택 해제	붙여넣기
•	•	•	•	•	•

•	•	•	•	•	•
Ctrl+D	Ctrl+V	Alt+Ctrl+T	Alt+마우스 휠	Ctrl+J	Ctrl+Z

100

 완성된 이미지와 힌트를 참고하여 자유롭게 유령 스티커를 완성해요.

>> **실습 및 완성파일** : [13일차] 폴더

HINT

① [13일차] 폴더에서 '유령스티커.psd'와 '표정.jpg' 파일을 불러오기

② **유령스티커 캔버스** [유령1] ~ [유령5] 레이어에 스타일을 적용하기 → [획] / 크기 : 13

③ **표정 캔버스** 직사각형 선택(▦) 도구로 원하는 표정을 선택하여 복사 (Ctrl+C)

④ **유령스티커 캔버스** 복사한 표정 캔버스 붙여넣기((Ctrl+V)) → 크기와 위치를 조절

⑤ **유령스티커 캔버스** 마법 지팡이(✦) 도구로 복사된 표정의 배경을 투명하게 바꾸기

⑥ **유령스티커 캔버스** [배경] 레이어 선택 후 새롭게 레이어를 추가하여 '꾸미기'로 이름 변경

⑦ **유령스티커 캔버스** 붓 도구(✏)를 이용해 유령 캐릭터 주변을 꾸며보기

PART 02

쪼토피아와 함께
이모티콘을 만들어요!

결과물을 이모티콘으로 활용해요!

PART 02에서는 이모티콘을 만들어 PNG 또는 GIF 파일로 저장하게 돼요. 이때 각각의 레이어에서 작업한 이모티콘들을 한 번에 저장하는 팁과, 이미지를 이모티콘 사이즈에 알맞게 줄이는 방법을 알려드릴게요.

Step 1 레이어에서 작업한 결과물을 한 번에 저장해요!

각각의 레이어를 한 번에 그림으로 내보내는 방법입니다. 파일의 형식은 'PNG' 또는 'GIF'로 선택해 주세요.

Step 2 저장된 이모티콘의 이미지 크기를 줄여요!

이모티콘을 만들 때는 캔버스의 크기를 1000×1000 픽셀 정도로 크게 작업하는 것이 좋아요. 이후 저장된 이미지를 불러와 360×360 픽셀, 240×240 픽셀 등 동일한 가로/세로 비율로 크기를 줄이도록 합니다.

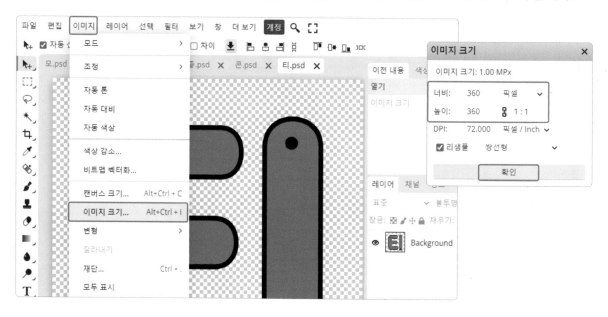

자주 사용하는 단축키 정리

다음은 포토피아에서 자주 사용되는 단축키를 정리하였습니다. PART 02 작업에서 꼭 필요한 내용이니 잘 알아두면 좋겠죠?

[파일] 단축키

새로 만들기	Alt + Ctrl + N
열기	Ctrl + O
저장	Ctrl + S

[선택] 단축키

모두 선택	Ctrl + A
선택 취소	Ctrl + D
반전 선택	Shift + Ctrl + I

[레이어] 단축키

레이어 복제	Ctrl + J
레이어 그룹화	Ctrl + G
레이어 병합	Ctrl + E

캔버스 관련 단축키

확대/축소	Alt + 마우스 휠
이동	Space Bar + 드래그

[편집] 단축키

실행 취소	Ctrl + Z
다시 실행	Shift + Ctrl + Z
복사	Ctrl + C
붙여넣기	Ctrl + V
자유 변형	Alt + Ctrl + T

계속 연습하다 보면
금방 익숙해질 거야.
파이팅!!

14 일차 주변 인물 캐릭터화 이모티콘

 레이어의 다양한 그림을 활용하여 주변 인물 캐릭터 이모티콘을 완성합니다.

>> 실습 및 완성파일 : [14일차] 폴더

 완성작품

 이모티콘, 왜 사용할까요?

이모티콘을 사용하는 이유 중 하나는 짧은 텍스트만으로 내 상태와 감정을 상대방에게 완벽하게 전달하기 어렵기 때문이에요. 아래 첫 번째 이미지는 어떤 감정을 가지고 질문을 했는지 알기 어렵지만, 이모티콘을 덧붙이면 질문의 의도를 더 쉽게 파악할 수 있게 돼요.

▲ 너 어디야?

▲ 너 어디야?(나 심심해)

▲ 너 어디야?(또 늦냐!?)

Q 내용을 읽고 이모티콘을 사용하는 이유와 거리가 먼 것을 골라볼까요?

① 이모티콘을 사용하면 어색한 친구와의 대화도 부드럽게 풀어갈 수 있어요.
② 이모티콘을 통해 나의 감정이나 상황을 조금 더 효율적으로 전달할 수 있어요.
③ 축하함, 미안함, 고마움 등을 센스있게 표현할 수 있어요.
④ 텍스트 없이 이모티콘만 가지고 대화를 한다면 전달력이 훨씬 높아져요.

01 이모티콘 작업을 위해 캔버스를 생성해요!

1 <새 프로젝트> 만들기

2 새롭게 작성된 캔버스 확인

작업TIP

이모티콘, 이렇게 작업해요!

이모티콘을 위한 캔버스는 1000~ 2000 사이로 너비와 높이가 동일한 사이즈의 캔버스를 만들도록 해요. 이때, DPI(해상도)는 72로, 배경은 '투명한'으로 맞춰주세요. 72 DPI는 웹 전용 해상도입니다.

02 다른 캔버스의 레이어를 현재 캔버스로 복사해요!

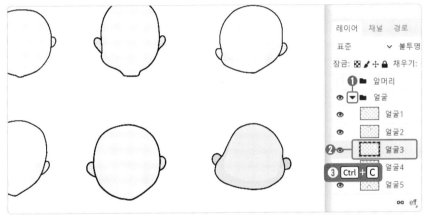

1 [14일차] 폴더에서 '캐릭터꾸러미' 파일을 불러오기

2 '캐릭터꾸러미' 캔버스에서 [얼굴] 레이어 그룹을 활성화하기

3 [얼굴3] 레이어를 선택한 다음 Ctrl+C 눌러 복사

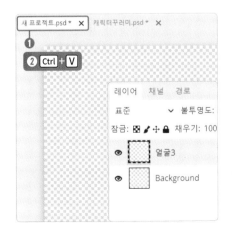

작업TIP

복사된 그림이 보이지 않아요!

캔버스에 [얼굴3] 레이어가 보이지 않는 이유는 '새 프로젝트' 캔버스 바깥쪽에 복사된 그림이 위치했기 때문이에요. 좌표 값을 입력하여 [얼굴3] 레이어를 캔버스 중앙으로 이동시켜 보겠습니다.

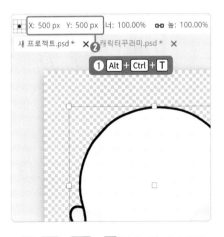

4 '새 프로젝트' 캔버스에서 Ctrl+V를 눌러 붙여넣기

5 Alt+Ctrl+T를 누른 후 좌표 값 입력

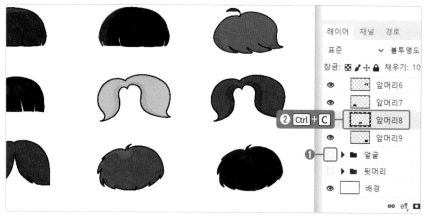

6 '캐릭터꾸러미' 캔버스에서 [얼굴] 레이어 그룹을 비활성화

7 [앞머리] 레이어 그룹 활성화 후 [앞머리8] 레이어 복사([Ctrl]+[C])

8 '새 프로젝트' 캔버스에 [Ctrl]+[V]

9 [Alt]+[Ctrl]+[T] → 좌표 값 입력

10 그림의 크기 및 위치 조절

작업TIP

[Alt]+[Ctrl]+[T] 조절점 활용방법

• 조절점 드래그 : 가로와 세로 동일한 비율로 크기 조절
• [Shift]+조절점 드래그 : 해당 조절점 기준으로 자유롭게 크기 조절
• 조절점 주변 드래그 : 마우스 포인터가 ↰ 모양으로 변경되었을 때 드래그하여 회전 가능

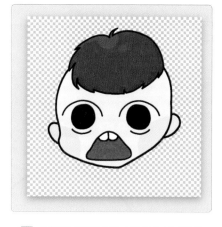

11 '캐릭터꾸러미' 캔버스를 활용해 첫 번째 캐릭터를 완성

작업TIP

작업 전 확인해요!

레이어의 위치를 변경할 때는 선택 도구의 '자동 선택' 옵션이 활성화 된 상태에서 작업하는 것이 좋아요.

파일 편집 이미지 레이어 선택 필터
▶+ ☑자동 선택 레이어 ∨ ☐ 변형 제어

작업TIP

X, Y 좌표 값을 입력해요!

현재 작업 중인 2개의 캔버스 크기가 다르기 때문에 '새 프로젝트' 캔버스로 복사된 레이어는 좌표 값을 입력하여 중앙에 배치알 수 있어요.

03 캐릭터에 사용된 레이어를 하나의 레이어로 병합해요!

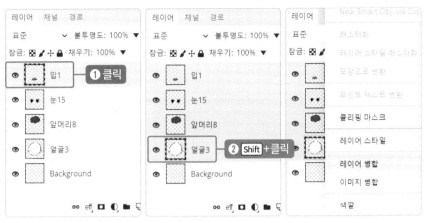

1️⃣ 레이어 패널 창에서 캐릭터에 이용된 레이어를 모두 선택
2️⃣ 마우스 오른쪽 버튼을 눌러 [레이어 병합] 클릭

3️⃣ 주변 인물의 이름 또는 별명으로 레이어 이름 변경

04 주변 인물을 떠올리면서 캐릭터를 만들어요!

1️⃣ 작업한 캐릭터 레이어를 비활성화

2️⃣ '캐릭터꾸러미' 캔버스를 활용해 나의 주변 인물을 캐릭터로 만들어보기

작동TIP

레이어 배치 순서에 유의해요!

만약 뒷머리를 이용할 경우, 얼굴 레이어 아래쪽에 배치하여 맨 뒤쪽으로 보내주세요.

3️⃣ 캐릭터에 이용된 레이어를 모두 선택한 후 [레이어 병합]
4️⃣ 동일한 방법으로 더 많은 인물 캐릭터를 만들어보기

05 모든 작업이 끝나면 캔버스를 psd와 png 형식으로 저장해 보세요!

15 일차 재미난 말장난 이모티콘

새로운 붓 도구 모양을 추가하여 유화 느낌의 말장난 이모티콘을 완성합니다.

>> **실습 및 완성파일** : [15일차] 폴더

완성작품

나만의 이모티콘은 어떻게 기획하나요?

이모티콘을 만들 때 그림 실력보다 중요한 부분은 참신한 기획과 아이디어입니다. 부모님 또는 친구와의 대화, 재미있었던 일 등 일상에서도 쉽게 아이디어를 얻을 수 있으며, 이전 차시에서 연습했던 것과 같이 주변 인물이나 동물을 관찰하여 재미있는 상황을 묘사하는 방법도 있습니다. 또한 '마쉬멜로우', '슬라임', '마라탕' 등 유행하는 아이템을 캐릭터화 하거나, 인터넷 검색을 통해 재미있는 짤을 보면서 기획을 해볼 수도 있겠네요.

Q 주제 키워드를 적어보고 낙서를 하듯이 마인드맵을 그리면서 재미난 아이디어를 생각해 보세요.

01 유화 느낌의 붓 도구 모양을 불러와요!

이미지 크기 알아보기!

[이미지]-[이미지 크기] 메뉴를 클릭하면 현재 캔버스(이미지)의 작업 사양을 확인할 수 있답니다.

1 [15일차] 폴더에서 '말장난 이모티콘' 파일을 불러오기

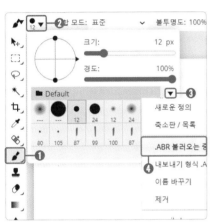

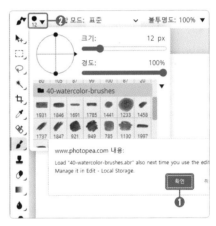

2 '붓 도구'를 클릭한 다음 그림과 같이 선택

3 [15일차] 폴더에서 브러쉬 파일을 선택하여 열기

4 불러온 붓 도구 모양 목록을 확인

02 판다 이모티콘을 예쁘게 색칠해요!

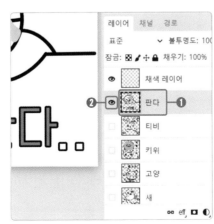

1 레이어를 추가한 다음 이름을 변경하기

2 [판다] 레이어 선택 후 활성화 하기

3 '마법 지팡이' 도구 선택 후 귀, 눈, 팔을 클릭

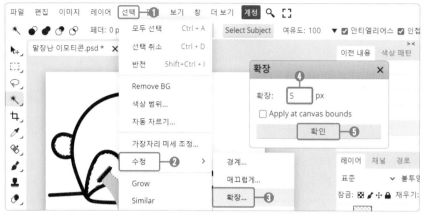

4️⃣ [선택]-[수정]-[확장]을 클릭해 '5'정도의 확장 값 입력

5️⃣ 선택 영역이 넓어진 것을 확인한 다음 [채색 레이어]를 선택

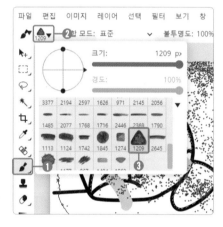

작업TIP

유화 느낌을 주는 붓 모양

불러온 붓 도구 모양은 대체로 크기가 큰 편이기 때문에 클릭 한 번만으로도 색을 채워 질감을 멋지게 표현할 수 있어요.

6️⃣ '붓 도구'를 클릭하여 불러온 목록 중 원하는 붓 모양을 선택

7️⃣ 붓 색상을 변경한 다음 캔버스를 클릭하여 채색 완료

8️⃣ Ctrl + D 를 눌러 모든 선택 해제

9️⃣ [판다] 레이어를 맨 위쪽으로 이동하기

🔟 [판다]와 [채색 레이어]를 선택하여 [레이어 병합] 적용

03 나머지 이모티콘도 유화 느낌의 채색을 적용해요!

1️⃣ [티비] 레이어 활성화 후 채색 레이어 추가하기

2️⃣ [티비] 레이어를 선택
3️⃣ '마법 지팡이' 도구로 채색할 부분을 자유롭게 선택

작업TIP

레이어 이름을 정해요!

이모티콘을 만들 경우에는 여러 개의 레이어가 필요하기 때문에 레이어 이름을 붙이는 것이 좋아요. 이때, 레이어의 이름은 본인이 구분하기 편하도록 지정하면 됩니다.

4️⃣ [선택]-[수정]-[확장] → 5를 입력

5️⃣ 채색 레이어를 선택

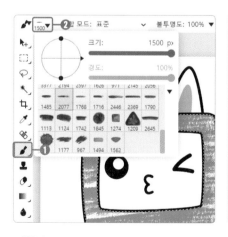

6️⃣ '붓 도구'로 원하는 느낌의 채색 완료

7️⃣ Ctrl+D를 눌러 모든 선택 해제 후 레이어 순서 변경

8️⃣ [티비]와 [채색 레이어(티비)] [레이어 병합] 적용

04 각각의 레이어의 이모티콘을 자유롭게 채색한 다음 psd와 png 형식으로 저장해 보세요!

3D 효과가 들어간 스마일 이모티콘

16 일차

붓 도구로 다양한 표정의 스마일을 그린 후 3D 효과를 적용하여 이모티콘을 완성합니다.

>> 실습 및 완성파일 : [16일차] 폴더

 감정 표현의 종류는 어떤 것이 있을까?

이모티콘 제작 시 캐릭터의 표정이나 문구에 감정 표현이 들어가게 되는데요. 우리는 주로 어떤 감정을 나타내기 위해 이모티콘을 사용할까요? 아래 표를 통해 살펴본 후 적당한 표정을 그려보세요.

긍정

신남	부끄러움	감동	응원	축하

부정

슬픔	거절	삐짐	분노	피곤

01 이모티콘 작업을 위해 캔버스를 생성해요!

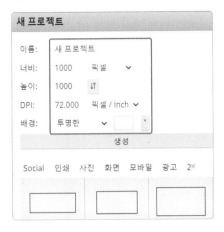

1 <새 프로젝트> 만들기

2 새롭게 작성된 캔버스 확인

3 레이어를 추가한 다음 이름 변경하기

02 붓 도구의 옵션을 변경한 다음 그림을 그려요!

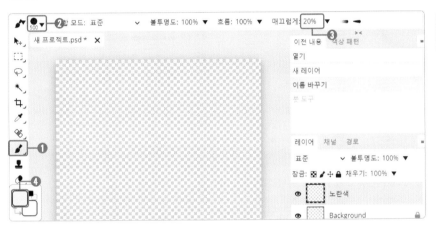

1 '붓 도구'를 선택한 다음 옵션을 변경
2 붓의 색상을 노란색 계열로 변경

3 캔버스를 드래그&클릭하면서 동그라미 그리기

작업TIP

못난이 동그라미도 좋아요!
손으로 그림을 그릴 때는 완벽한 타원보다는 삐뚤삐뚤한 느낌이 더 매력적인 그림으로 보일 수 있어요.

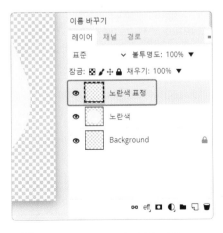

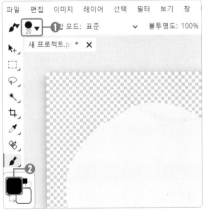

4 표정 레이어를 추가한 다음 이름 변경하기

5 붓의 크기를 20 정도로 맞춘 다음 원하는 색상을 선택

6 '기쁨'에 해당하는 표정을 자유롭게 그려보기

03 3D 효과를 낼 수 있는 레이어 스타일을 적용해요!

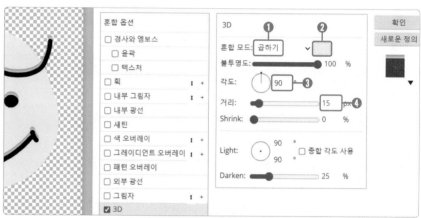

1 [노란색 표정] 레이어를 선택한 후 레이어 스타일-[3D] 클릭

2 [3D] 스타일에서 혼합모드를 '곱하기'로 맞춘 다음 '색상 / 각도 / 거리' 등을 원하는 값으로 변경

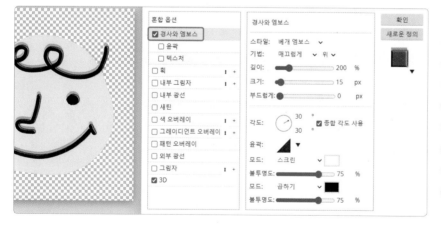

3 [경사와 엠보스] 스타일에서 옵션을 자유롭게 변경

  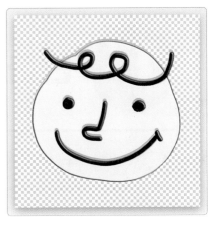

④ [노란색 표정] 레이어에 스타일이 적용된 것을 확인 후 스타일 복사
⑤ [노란색] 레이어에 스타일을 붙여넣기

⑥ 레이어 스타일이 적용된 이모티콘을 확인

레이어 스타일을 수정하고 싶어요!

레이어 패널 창에서 스타일이 적용된 레이어의 [혼합 옵션] 메뉴에 들어가면 현재 적용된 레이어 스타일의 옵션을 변경할 수 있어요.

⑦ 두 개의 레이어를 병합

04 다양한 감정을 표현하는 이모티콘을 만든 후 psd와 png 형식으로 저장해 보세요!

 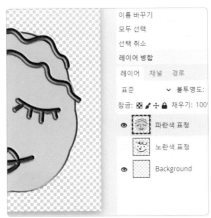 

① 레이어를 추가한 다음 각각의 레이어에 얼굴 모양과 표정 그리기

② 레이어 스타일을 적용한 다음 두 개의 레이어를 병합

③ 114 페이지를 참고하여 다양한 표정 이모티콘 완성

17 일차 만화적 표현이 추가된 이모티콘

 만화적 표현을 추가하고 필터를 적용한 이모티콘을 완성합니다.

>> 실습 및 완성파일 : [17일차] 폴더

 완성작품

 만화적 표현이란 무엇일까요?

'만화적 표현'이란 '별, 음표, 꽃, 반짝이기, 물음표, 느낌표, 땀, 불빛' 등 현재 감정을 극대화시킬 수 있는 요소를 말합니다. 이모티콘을 통해 상황을 더 잘 나타내기 위해서는 주변에 만화적 표현을 함께 그려주는 것이 좋겠죠? 너무 많은 효과는 복잡한 느낌을 줄 수 있으니 유의하며 작업합니다.

Q <보기>의 요소들을 참고하여 이모티콘에 어울릴만한 만화적 표현을 그려보세요.

보기

이모티콘 완성하기

118

01 만화적 표현을 그려 넣어요!

1 [17일차] 폴더-'판다 이모티콘' 파일을 불러오기

2 [판다1] 레이어가 선택된 상태에서 작업

3 '붓 도구'를 선택한 다음 옵션을 변경(색상은 자유롭게 선택)

4 '기쁨, 신남' 느낌을 줄 수 있는 만화적 표현 그리기

작업TIP

붓 도구로 그린 그림은 이렇게 지워요!

❶ 도구 모음에서 '지우개 도구(🖌)'를 선택해요.

❷ 옵션을 아래와 같이 지정해요.

❸ 원하는 부분을 천천히 드래그하면서 지워요.

❹ Ctrl+Z를 누르면 지우기 작업 전으로 되돌릴 수 있어요.

02 필터를 적용하여 이모티콘을 편집해요!

1 [판다1] 레이어가 선택된 상태에서 작업

2 [필터]-[왜곡]-[돌리기] 클릭

3 그림의 옵션 값을 참고하여 원하는 모습으로 편집

작업 TIP

필터 옵션을 지정할 때 참고해요!

- '미리 보기'에 체크가 된 상태에서 값을 바꿔요.
- '유형'과 '무작위로' 옵션을 잘 활용하면 재미난 결과를 얻을 수 있어요.
- <초기화>를 눌러 옵션을 처음 상태로 되돌릴 수 있어요.

03 판다2 이모티콘을 완성해요!

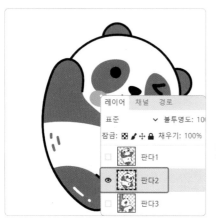

1️⃣ [판다1] 레이어를 비활성화 후 [판다2] 레이어 선택

2️⃣ '붓 도구'를 이용하여 이모티콘에 적당한 만화적 표현을 그리기

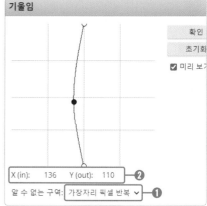

3️⃣ [판다2] 레이어가 선택된 상태에서 작업

4️⃣ [필터]-[왜곡]-[기울임] 클릭

5️⃣ 그림의 옵션 값을 참고하여 원하는 모습으로 편집

적용된 필터를 확인해요!

[판다1] 레이어와 [판다2] 레이어의
필터 적용 전, 후를 비교해 보세요.

04 판다3 이모티콘을 완성해요!

1 [판다2] 레이어를 비활성화 후 [판다3] 레이어 선택
2 '붓 도구'를 이용하여 이모티콘에 적당한 만화적 표현을 그리기

3 [필터]-[렌더]-[렌즈 플레어]
클릭

교재에서는 이렇게 했어요!

교재에서 사용한 필터를 참고하여
원하는 효과를 적용해 보세요.
• 판다4 : [날카롭게]-
　　　　　[언샵 마스크]
• 판다5 : [왜곡]-[구형화]
• 판다6 : [왜곡]-[잔물결]

4 필터 옵션의 값을 입력하거나 캔버스에서 필터를 적용할 부분 클릭
5 같은 방법으로 [판다4] ~ [판다6] 이모티콘 작업

05 모든 작업이 끝나면 캔버스를 psd와 png 형식으로 저장해 보세요!

18 일차 멍냥이 텍스트 이모티콘

 문자를 입력한 다음 텍스트 서식을 변경해 멍냥이 텍스트 이모티콘을 완성합니다.

>> 실습 및 완성파일 : [18일차] 폴더

 완성작품

 여러 가지 텍스트를 넣어 감정 전달 효과를 높일 수 있어요♡

문구가 적절하게 들어간 이모티콘은 나의 감정 전달에 도움을 줄 수 있으며, 존댓말, 사투리, 의성어 등을 잘 활용하면 재미있는 상황도 연출할 수 있어요. 이때, 문구의 내용뿐만 아니라 보기 좋게 그림과 텍스트를 배치하는 것도 중요하답니다.

Q 2개의 이모티콘 배치 구도 중 마음에 드는 것을 골라보고, 그 이유를 적어보세요.

Q 다음 이모티콘에 어울리는 문구를 생각해본 후 어떻게 배치하는 것이 좋을지 적어보세요.

01 캔버스를 만들어 강아지 그림을 불러와요!

1 <새 프로젝트> 만들기

2 새롭게 작성된 캔버스 확인

3 [18일차]-[강아지] 폴더에서 '강아지1' 파일을 불러오기

4 강아지 그림을 복사 후 '새 프로젝트' 캔버스에 붙여넣기
5 이모티콘의 문구로 사용할만한 이름으로 레이어 이름 바꾸기

6 강아지 그림의 크기 및 위치를 조절

작업TIP

그림의 크기와 위치는 이렇게 조절해요!

아래 구도를 참고하여 그림을 배치해 보세요. 여러분은 어떤 구도를 활용할 건가요?

▲ 구도 1   ▲ 구도 2   ▲ 구도 3   ▲ 나만의 구도 그려보기

02 문자 도구를 이용해 이모티콘에 문구를 추가해요!

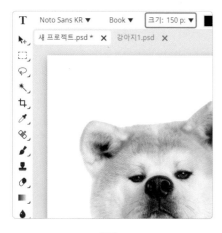

1 '문자 도구(T)'를 선택하여 크기를 150px 정도로 지정

2 이모티콘 문구로 사용할 첫 글자를 입력 후 Ctrl + Enter

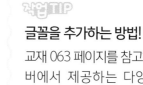

글꼴을 추가하는 방법!
교재 063 페이지를 참고하여 네이버에서 제공하는 다양한 무료 글꼴을 추가할 수 있어요. 글꼴 파일은 [실습파일]-[네이버 나눔서체] 폴더 안에 있답니다.

3 원하는 모양의 글꼴 서식으로 변경

4 Alt + Ctrl + T 를 눌러 텍스트를 원하는 대로 변형

텍스트 회전하기
Alt + Ctrl + T 를 눌렀을 때 나타나는 조절점 주변에 마우스를 위치시켜 모양으로 변경되었을 때 드래그하면 회전이 가능해요.

5 '문자 도구(T)'가 선택된 상태에서 색상을 밝게 변경

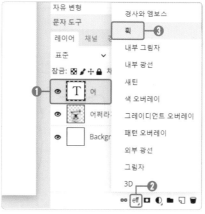

6 텍스트 레이어를 선택한 후 레이어 스타일-[획] 클릭

7 획의 크기와 채우기 색상을 원하는 대로 지정

03 레이어를 복제하여 문구를 완성해요!

1️⃣ 텍스트 레이어를 선택한 후 Ctrl+J를 눌러 레이어 복제
2️⃣ 이동 도구(🖐)를 선택한 후 복제된 텍스트를 이동

3️⃣ 복제된 텍스트를 더블 클릭하여 내용 수정

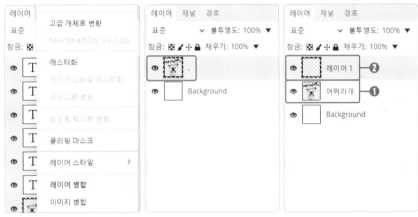

4️⃣ 원하는 내용 입력 후 각각의 텍스트 크기, 위치, 색상 변경

5️⃣ 이모티콘 작업에 이용된 레이어를 모두 선택한 후 [레이어 병합]
6️⃣ 레이어의 이름을 변경하고 새롭게 레이어를 추가

작업TIP

왜 한 글자씩 작업하나요?

문구 입력을 각각의 레이어로 작업하면 텍스트의 크기, 위치, 글꼴 모양, 색상 등을 따로 변경할 수 있어 편리해요.

7️⃣ [18일차]에서 원하는 그림을 불러와 자유롭게 이모티콘 만들기

작업TIP

붓 도구를 활용해요!

텍스트를 모두 입력하고도 캔버스가 비어보인다면 주변을 더 꾸며 주는 것이 좋겠죠? '새 레이어(🗋)'를 클릭한 다음 붓 도구(🖌)로 그림을 그려 보세요.

04 모든 작업이 끝나면 캔버스를 psd와 png 형식으로 저장해 보세요!

19일차 대두 캐릭터 이모티콘

사진의 얼굴 부분만 선택하여 대두 캐릭터 이모티콘을 완성합니다.

>> 실습 및 완성파일 : [19일차] 폴더

 완성작품

 각도에 맞추어 캐릭터 얼굴을 그려보아요♡

캐릭터를 그릴 때는 동작에 맞추어 다양한 각도의 얼굴을 표현해야 재미있는 결과를 얻을 수 있어요. 표시된 점선을 따라 그려본 다음 '가로 선에 맞추어 양쪽 눈'을, '세로 선에 맞추어 입'을 그려줍니다.

예시

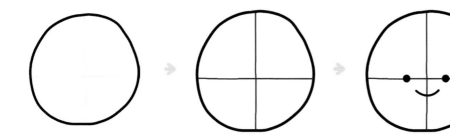

Q 얼굴에 십자선을 표시한 다음 눈과 입을 그려 여러 각도의 캐릭터 얼굴을 완성해요!

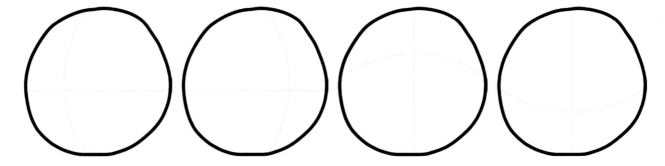

01 개체 선택 도구로 사진에서 얼굴 부분만 선택해요!

1 [19일차] 폴더-'대두 캐릭터' 파일을 불러와 [안녕] 레이어 활성화

2 [19일차] 폴더-'안녕_얼굴' 파일을 불러오기

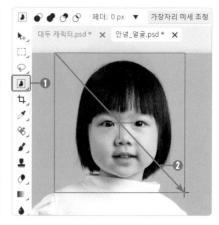

3 '개체 선택' 도구를 선택한 다음 얼굴 주변을 드래그

4 선택 영역 수정을 위해 <가장자리 미세 조정> 클릭

5 브러쉬 크기를 80 정도로 지정하고, [배경]을 선택
6 불필요한 부분을 여러 번 클릭&드래그하여 선택 영역에서 제거

작업TIP

가장자리 미세 조정 작업 시 유의하기

❶ 가장자리 미세 조정 창의 옵션 바의 ⬜🟦⬛ 에서 선택 범위를 추가하거나 제거할 수 있어요.
   • 전경(⬜) : 선택 영역에 추가하기
   • 배경(⬛) : 선택 영역에서 제거하기
❷ 선택하려는 부분을 확대한 후 작업하면 편리해요.
   • 확대 : Alt +마우스 휠   • 캔버스 위치 : Space Bar +드래그

7 작업에 필요한 얼굴 부분만 남겨진 것을 확인

02 레이어를 재배치하여 손을 흔드는 캐릭터의 모습을 만들어요!

1 '안녕_얼굴' 캔버스에서 Ctrl+C를 눌러 레이어 복사

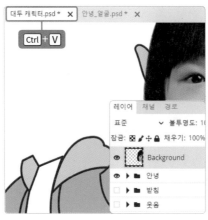

2 '대두 캐릭터' 캔버스에서 Ctrl+V를 눌러 붙여넣기

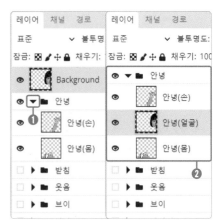

3 [안녕] 레이어 그룹을 열어 레이어 순서와 이름 변경

작업TIP

레이어 배치 순서

레이어 패널 창에서 5가지의 행동 그룹 안에는 몸과 팔이 각각의 레이어로 분리되어 있어요. 몸 → 얼굴 → 손 순서로 배치하면 자연스러운 작품을 만들 수 있습니다.

4 [안녕(얼굴)] 레이어의 크기 및 위치 조절 후 회전
5 필요에 따라 [안녕(몸)]과 [안녕(손)] 레이어의 크기 및 위치 조절

03 텍스트를 입력하여 대두 이모티콘을 완성해요!

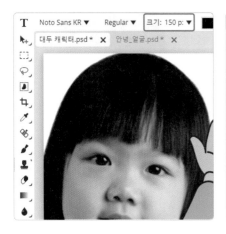

1 '문자 도구(T)'를 선택하여 크기를 150 px 정도로 지정

2 이모티콘 문구로 사용할 첫 글자를 입력 후 글꼴 서식 변경

작업TIP

글꼴을 추가하는 방법!

교재 063 페이지를 참고하여 네이버에서 제공하는 다양한 무료 글꼴을 추가할 수 있어요. 글꼴 파일은 [실습파일]-[네이버 나눔 서체] 폴더 안에 있답니다.

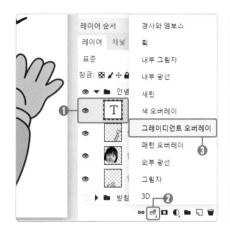

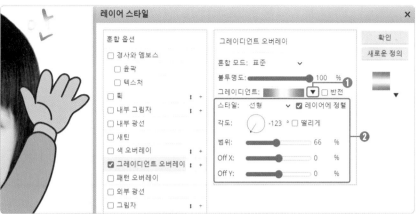

③ 레이어 스타일-[그레이디언트 오버레이] 클릭

④ 원하는 그레이디언트 색상을 선택
⑤ 각도, 범위 등의 옵션을 자유롭게 변경

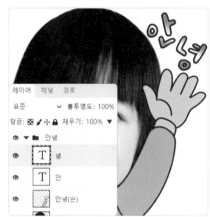

⑥ [획]을 클릭하여 획의 크기와 채우기 색상을 변경

⑦ 레이어를 복제(Ctrl+J)하여 이모티콘 문구 입력 완성

⑧ 새롭게 레이어를 추가해 '붓 도구(✏)'로 꾸미기

⑨ [19일차]에서 그림을 불러와 얼굴 부분만 남기고 삭제
⑩ 자유롭게 캔버스를 꾸미며 대두 이모티콘 완성하기

04 모든 작업이 끝나면 캔버스를 psd와 png 형식으로 저장해 보세요!

레이어를 복제한 후 붓 도구로 그림을 그려 돼지 캐릭터 이모티콘을 완성합니다.

>> 실습 및 완성파일 : [20일차] 폴더

 캐릭터를 단순하게 그려요!

이모티콘 캐릭터의 몸을 작업할 때는 동작의 특징을 잡아 과장되게 그리면 귀여운 캐릭터를 만들 수 있어요. 메신저로 주고 받는 이모티콘 그림은 작게 표시되기 때문에 몸동작을 '단순하게' 그리는 연습이 필요하답니다.

Q 행동이 단순화된 그림을 따라 그려본 후 머리, 얼굴 표정, 문구 등을 추가해 보세요.

01 돼지 캐릭터 스케치를 완성해요!

1️⃣ [20일차] 폴더-'돼지 캐릭터'
파일을 불러오기

2️⃣ [레이어 복제]를 이용하여
[기본] 레이어 그룹을 복제

3️⃣ 복제된 레이어 그룹을 활성화
후 이름 변경

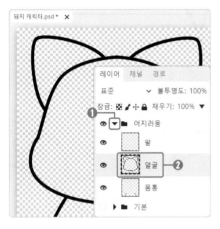

4️⃣ [어지러움] 레이어 그룹 목록에
서 [얼굴] 레이어 선택

5️⃣ Alt + Ctrl + T를 눌러 얼굴을
회전한 후 위치 조절

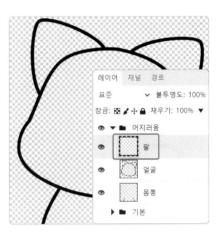

6️⃣ 캐릭터의 팔을 그리기 위해
[팔] 레이어 선택

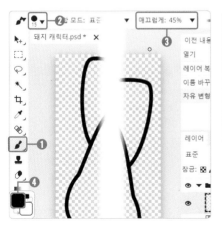

7️⃣ 붓 도구의 옵션을 위와 같이
지정 후 검정색(#000000) 선택

8️⃣ 그림을 참고하여 팔 그리기

이렇게 그려요!

아래 그림을 참고하여 그려보세
요. 반드시 [팔] 레이어에서 작업
합니다.

02 불필요한 부분을 지워요!

어디를 지워야 할까요?

캐릭터 그림에서 어떤 부분을 지워야 할지
체크해 보았습니다. 이때, 파란색 부분은
[얼굴] 레이어, 빨간색 부분은 [몸통] 레이
어에 포함되어 있는 것을 알 수 있지요.

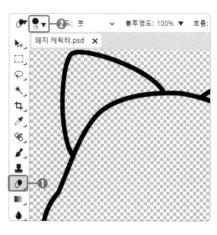

1 '지우개 도구'를 선택하여 크기
를 지정

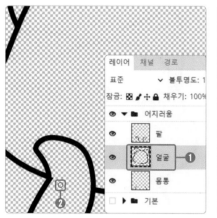

2 [얼굴] 레이어 선택 후 왼쪽 팔
부분 드래그하여 지우기

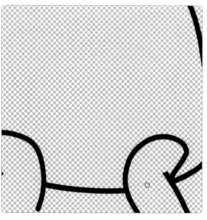

3 동일한 방법으로 오른쪽 팔
부분 지우기

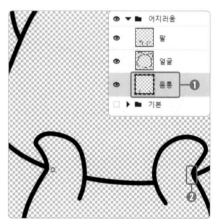

4 [몸통] 레이어 선택 후 삭제되
지 않은 부분을 드래그하여 지우기

03 레이어를 병합한 다음 이모티콘을 완성해요!

1 [팔], [얼굴], [몸통] 레이어를
선택하여 [레이어 병합]

2 레이어의 이름을 변경하고 새롭
게 [채색] 레이어를 추가

3 [어지러움] 레이어에서 '마법
지팡이' 도구 클릭

4 귀, 얼굴, 몸통 부분을 모두 선택

5 [선택]-[수정]-[확장]을 클릭해 '5'정도의 확장 값 입력

6 선택 영역이 넓어진 것을 확인한 다음 [채색] 레이어를 선택

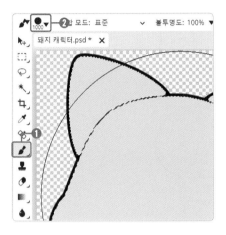

7 붓 도구의 크기를 1000 정도로 지정하여 원하는 색으로 채색

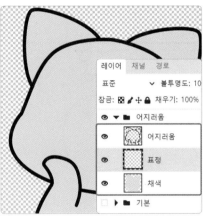

8 [표정] 레이어를 새롭게 추가한 다음 3개 레이어의 순서 재배치

9 붓 도구의 크기, 매끄럽게 옵션, 색상을 변경하여 표정 그리기

10 [채색] 레이어를 선택하여 필요한 부분을 추가로 그려보기

작업TIP

이렇게 작업해요!

[채색] 레이어는 맨 아래에 위치했기 때문에 검정색 선 뒤쪽으로 그려지게 됩니다. 코와 귀를 색칠할 때는 붓의 크기를 30 정도로, 선을 그릴 때는 15 정도로 조절했어요. 그리는 모양에 따라 '매끄럽게' 값을 변경하며 작업해요.

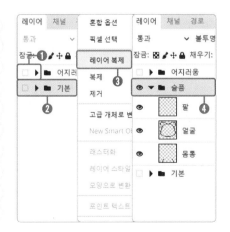

11 [기본] 레이어 그룹을 복제하여 자유롭게 돼지 이모티콘 만들기

04 모든 작업이 끝나면 캔버스를 psd와 png 형식으로 저장해 보세요!

21 일차 움직이는 이모티콘

 레이어 복제 기능을 이용해 움직이는 이모티콘을 완성합니다.

>> 실습 및 완성파일 : [21일차] 폴더

완성 작품

 움직이는 이모티콘, 이렇게 만들어요♥

움직이는 이모티콘은 멈춰 있는 그림 여러 장을 연결해 만들 수 있어요. 자연스럽게 움직이는 이모티콘을 그리기 위해서는 거울에 비친 내 동작이나, 동물의 움직임을 관찰하는 연습이 필요하답니다.

Q 애니메이션 순서를 따라 그려보고 표정도 추가해 보세요.

01 절레절레 고개를 젓는 표정을 그려요!

1️⃣ [21일차] 폴더-'절레절레' 파일을 불러오기

2️⃣ [가운데] 레이어 활성화
3️⃣ '붓 도구' 선택하여 옵션 변경 후 눈과 입 그리기

작업TIP

작업 시 참고해요!

붓 도구의 색상은 검정 계열로 지정했으며, 붓의 크기는 눈 '45', 입 '15' 정도로 작업했어요. 표정은 자유롭게 그리되, 복잡하게 그리지 않는 것이 좋아요.

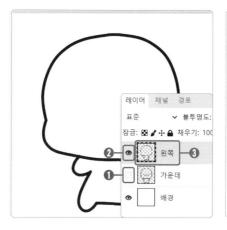

4️⃣ [가운데] 레이어 비활성화
5️⃣ [왼쪽] 레이어 활성화

6️⃣ '붓 도구'로 왼쪽 모습의 눈과 입 그리기

작업TIP

더 꾸며보아요!

붓 도구를 이용해 예쁘게 꾸며요.

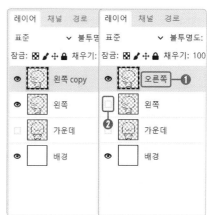

7️⃣ [왼쪽] 레이어를 복제

8️⃣ 복제된 레이어의 이름을 변경 후 [왼쪽] 레이어 비활성화

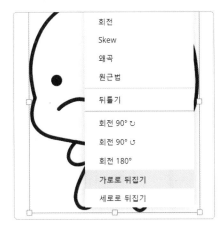

9 [Alt]+[Ctrl]+[T]를 누른 후 우클릭 → [가로로 뒤집기]

10 [가운데] 레이어를 복제 후 레이어 순서를 재배치
('가운데 → 왼쪽 → 가운데 → 오른쪽' 반복 애니메이션을 위한 과정)

02 애니메이션을 적용하여 움직이는 gif 형태로 저장해요!

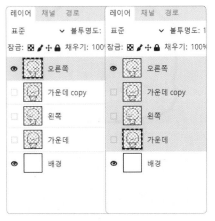

1 [오른쪽] 레이어 선택 후 [Shift]를 누른 채 [가운데] 레이어 클릭

2 [레이어]-[애니메이션]-[Make Frames] 클릭

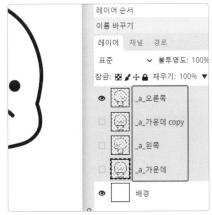

3 애니메이션이 적용된 레이어 이름을 확인

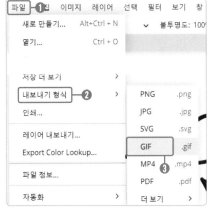

4 [파일]-[내보내기 형식]-[GIF]를 클릭

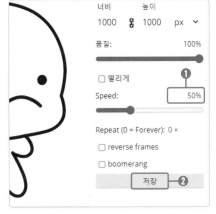

5 애니메이션의 속도를 '50'정도로 맞춘 다음 <저장>

작업TIP

속도는 어느 정도가 적당할까요?

gif로 저장하면서 속도가 느려질 수 있으니 Speed(속도) 옵션은 50~80 정도로 지정하는 것이 좋아요.

03 끄덕끄덕 고개를 움직이는 이모티콘을 완성해요!

1️⃣ [21일차] 폴더-'끄덕끄덕' 파일을 불러오기
2️⃣ [아래] 레이어에서 '붓 도구'로 눈과 코 그리기

3️⃣ [중간] 레이어를 선택하여 눈과 코 그리기

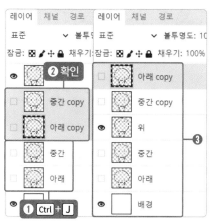

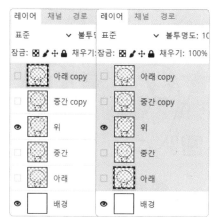

4️⃣ [위] 레이어를 선택하여 눈과 코 그리기

5️⃣ [중간]과 [아래] 레이어를 복제하여 그림과 같이 순서 배치

6️⃣ [배경]을 제외한 모든 레이어 선택

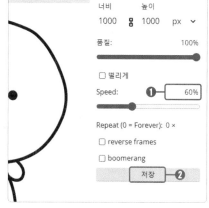

7️⃣ [레이어]-[애니메이션]-[Make Frames] 클릭

8️⃣ [파일]-[내보내기 형식]-[GIF]를 클릭

9️⃣ 애니메이션의 속도를 '60'정도로 맞춘 다음 <저장>

22
일차

필터로 움직이는 유령 이모티콘

여러 가지 필터 기능을 활용하여 유령 이모티콘을 완성합니다.

>> 실습 및 완성파일 : [22일차] 폴더

 완성작품

01 기울임 필터를 이용하여 끄덕이는 이모티콘을 만들어요!

1 [22일차] 폴더-'유령_위로'
파일을 불러오기

2 [1] 레이어 복제 후 레이어 이름
변경

3 [필터]-[왜곡]-[기울임] 클릭

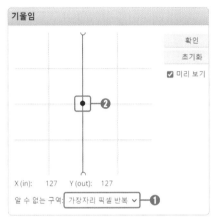

4 <가장자리 픽셀 반복> 선택 후
좌표의 중앙 클릭

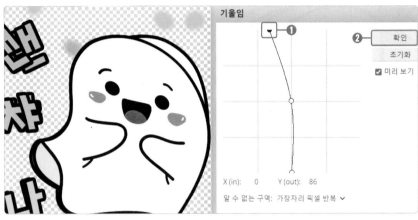

5 상단의 흰 점을 왼쪽으로 살짝 드래그 후 <확인> 클릭

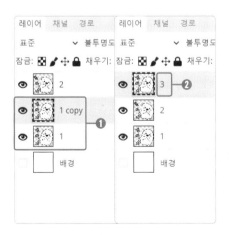

6 [1] 레이어 복제
7 [3]으로 이름 변경 후 레이어
배치 순서 이동

작업 TIP

현재 레이어를 확인해요!

- [1] 레이어 : 처음 모양
- [2] 레이어 : 왼쪽으로 조금 기울
  어진 모양
- [3] 레이어 : 처음 모양

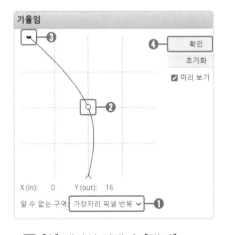

8 [3] 레이어 선택 후 [필터]-
[왜곡]-[기울임] 클릭
9 왼쪽으로 기울기 옵션 지정

현재 레이어를 확인해요!

- [1] 레이어 : 처음 모양
- [2] 레이어 : 왼쪽으로 조금 기울
  어진 모양
- [3] 레이어 : 왼쪽으로 많이 기울
  어진 모양

⑩ 필터로 변형된 이미지 확인

⑪ 레이어 [1] 복제 후 이름과 배치
순서 변경

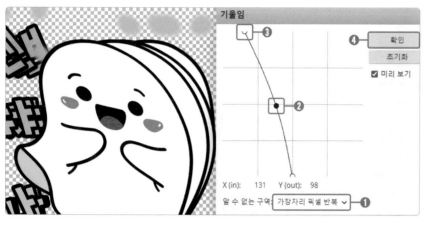

⑫ [4] 레이어에서 [필터]-[왜곡]-[기울임] 클릭 후 옵션 지정

현재 레이어를 확인해요!

- [1] 레이어 : 처음 모양
- [2] 레이어 : 왼쪽으로 조금 기울
  어진 모양
- [3] 레이어 : 왼쪽으로 많이 기울
  어진 모양
- [4] 레이어 : 왼쪽으로 가장 많이
  기울어진 모양

02 레이어를 복제하여 애니메이션을 적용해요!

① [3] 레이어 복제 후 배치 순서
변경

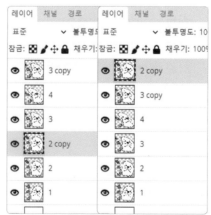

② [2] 레이어 복제 후 배치 순서
변경

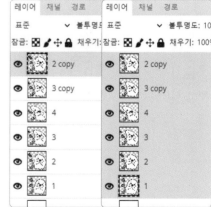

③ [배경]을 제외한 모든 레이어
선택

140

작업TIP

배경 레이어를 활성화 해요!

애니메이션이 적용된 레이어를 [GIF]로 내보낼 때 [배경] 레이어의 활성화 여부에 따라 완성된 움직임이 다를 수 있어요. 책에서는 배경 레이어를 활성화시킨 후 gif로 저장했습니다.

4 [레이어]-[애니메이션]-[Make Frames] 클릭

5 [내보내기 형식]-[GIF]를 클릭해 원하는 속도로 저장

03 방사형 흐림 효과 필터를 이용하여 마술 이모티콘을 만들어요!

1 '유령_마술' 파일을 불러와 [1] 레이어 복제 후 레이어 이름 변경

2 [필터]-[흐리게]-[방사형 흐림 효과] 클릭

3 양을 '10' 정도로 조절한 다음 <확인> 클릭

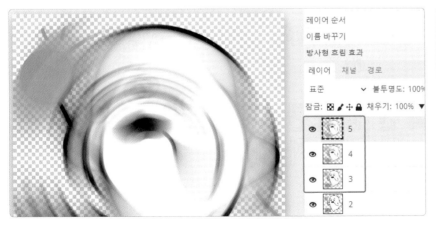

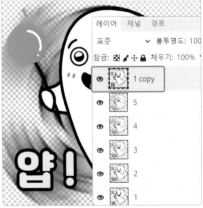

4 [1] 레이어를 복제하여 필터 적용 → 양을 '30', '50', '70' 정도로 지정
5 복제된 레이어의 이름과 위치는 그림과 같이 변경

6 [1] 레이어를 하나 더 복제하여 맨 상단에 배치

04 레이어에 애니메이션을 적용하여 'gif' 형태로 저장한 후 동일한 방법으로 '거절', '댄스', '떨림', '분노' 유령 이모티콘을 자유롭게 만들어요!

23
일차
깜빡이쳐 움직이는 초등티콘

텍스트와 그림을 조합하여 움직이는 메시지 이모티콘을 완성합니다.

>> **실습 및 완성파일** : [23일차] 폴더

완성작품

	쇼핑!	쇼핑! GO?				
	오늘할일	오늘할일				

영화관	영화관 가 자	영화관 가 자	영화관 가 자	영화관 가 자	영화관 가 자	
인 사 각	인 사 각!!	인생 사진 각!!	인생 사진 각!!	인생 사진 각!!	인생 사진 각!!	

142

01 텍스트를 추가하고 예쁘게 꾸며요!

1 <새 프로젝트> 만들기

2 '문자 도구(T)'를 선택하여 크기를 150 px 정도로 지정

3 '코인' 입력 후 글꼴과 크기, 색상을 자유롭게 변경

작업TIP

글꼴을 추가하는 방법!

교재 063 페이지를 참고하여 네이버에서 제공하는 다양한 무료 글꼴을 추가할 수 있어요. 글꼴 파일은 [실습파일]-[네이버 나눔서체] 폴더 안에 있답니다.

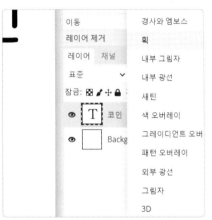

4 텍스트 레이어를 선택한 후 레이어 스타일-[획] 클릭

5 획의 크기와 채우기 색상을 원하는 대로 지정

6 텍스트 레이어를 선택한 후 Ctrl + J 를 눌러 레이어 복제
7 이동 도구(+)를 이용해 복제된 텍스트를 이동

8 복제된 텍스트를 더블 클릭하여 내용 수정 후 위치 조절

특정 글자의 색 바꾸기
'문자 도구(T)'가 선택된 상태에서 원하는 글자만 드래그 해 변경할 수 있어요.

9 동일한 방법으로 '갈 사람!' 텍스트를 추가

10 원하는 텍스트의 글자만 색상을 변경 후 크기 및 위치 조절

02 올가미 선택도구로 원하는 그림을 가져와요!

1 [23일차] 폴더-'꾸미기' 파일을 불러오기
2 [일러스트] 레이어를 선택한 후 '올가미 선택' 도구를 클릭

3 필요한 그림 주변을 드래그하여 선택한 후 복사(Ctrl+C)

작업 시 유의해요!
원하는 그림 외에 다른 그림이 선택되지 않도록 주의하면서 드래그 해요. 해당 작업 시 반드시 [일러스트] 레이어가 선택된 상태에서 작업합니다.

4 '새 프로젝트' 캔버스에서 붙여넣기(Ctrl+V)

5 그림의 크기 및 위치 조절

6 동일한 방법으로 교재와 동일하게 그림 추가하기

7 배경(Background)을 제외한 모든 레이어 선택 후 Ctrl + G

8 그룹으로 지정된 레이어의 이름 변경하기

03 애니메이션을 위해 레이어를 활성화&비활성화 해요!

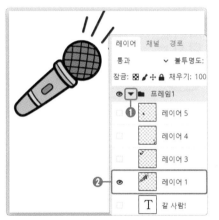

1 [프레임1] 레이어 그룹에서 마이크 그림을 제외한 레이어 비활성화

2 [프레임1] 레이어 그룹 복제 후 레이어 이름 변경

3 [프레임2] 레이어 그룹에서 음표 레이어를 추가로 활성화하기

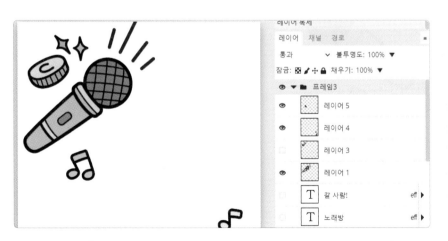

4 [프레임2] 레이어 그룹 복제 후 레이어 이름 변경 → 원하는 레이어 활성화
5 동일한 방법으로 레이어 그룹 복제 및 레이어 활성화 반복

작업TIP

142 페이지를 참고해요!

해당 페이지를 참고하여 <마이크 → 음표 → 동전 → '코인' → '노래방' → '갈 사람!'> 순서로 그림이 등장할 수 있도록 [프레임] 레이어를 6개 만들어요.

04 애니메이션을 적용하여 움직이는 gif 형태로 저장해요!

1 [프레임1] 레이어 그룹을 [레이어 병합]하기

2 동일한 방법으로 [프레임2]~[프레임6]에 [레이어 병합] 작업

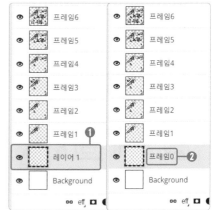

3 새로운 레이어를 추가한 후 배치 순서와 이름을 변경

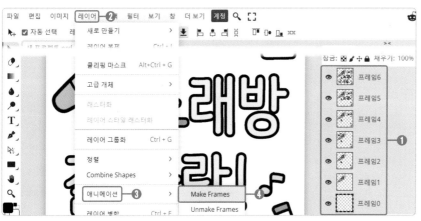

4 Shift를 이용해 [프레임0]~[프레임6]을 선택한 후 [레이어]-[애니메이션]-[Make Frames]를 클릭

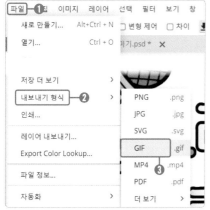

5 변경된 레이어 이름 확인

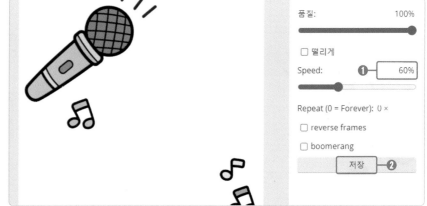

6 [파일]-[내보내기 형식]-[GIF]를 클릭

7 그림과 같이 옵션을 지정한 후 <저장>

05 동일한 방법으로 '쇼핑', '게임', '여행', '사진', '영화'를 주제로 움직이는 이모티콘을 자유롭게 만들어요!

146

24 일차 배운 내용 정리하기

이모티콘과 관련된 문제를 풀어보면서 지금까지 배운 내용을 정리해 보아요.

01 이모티콘 만들기와 관련된 내용으로 거리가 먼 것은 무엇일까요?

① 요즘 유행하는 이모티콘의 형태를 살펴보는 것은 이모티콘 기획에 도움이 될 거예요.

② 캐릭터 이모티콘을 그릴 때는 항상 정면을 보고 있는 것이 좋아요.

③ 나의 경험이나 주변 관찰을 통해 아이디어를 얻을 수도 있어요.

④ 정사각형 구도를 기준으로 캐릭터, 문구 등을 그려 넣어요.

02 아래 이모티콘을 보고 알맞은 상황 또는 감정을 적어보세요.

03 이모티콘 주변에 어울리는 만화적 표현을 자유롭게 그려보세요.

04 포토피아를 이용해 움직이는 이모티콘 만들기에 대한 설명으로 틀린 것은 무엇일까요?

① 각각의 레이어가 애니메이션의 한 장면이 될 수 있도록 작업해요.

② 다양한 움직임을 표현하기 위해서는 4개 이하의 레이어로 작업하는 것이 좋아요.

③ 저장 시 움직이는 이모티콘의 속도를 조절할 수 있어요.

④ [레이어]-[애니메이션]-[Make Frames] 메뉴를 이용해 레이어에 애니메이션을 적용해요.

05 움직이는 이모티콘의 저장 방식으로 적합한 것은 무엇일까요?

① png   ② jpg   ③ gif   ④ psd

24일차 배운내용 정리하기 147

나만의 이모티콘을 만들기 위한 기획을 해요.

01 아래 지문을 읽고 알맞은 곳에 체크해 보세요.

- 내 캐릭터의 **얼굴**은　달걀형　　사각형　　삼각형　　마름모형　이에요.

- 내 캐릭터의 **귀**는　위에 있어　옆에 있어　없어　요.

- 내 캐릭터의 **눈썹**은　두꺼워　　얇아　　없어　요.

- 내 캐릭터의 **눈**은　큰 편　　중간　　작은 편　이에요.

- 내 캐릭터의 **코**는　큰 편　　중간　　작은 편　, 또는　없어　요.

- 내 캐릭터의 **입**은　큰 편　　중간　　작은 편　이에요.

02 위에서 체크한 내용을 바탕으로 6개의 감정을 표현하는 나만의 이모티콘을 그려보세요.

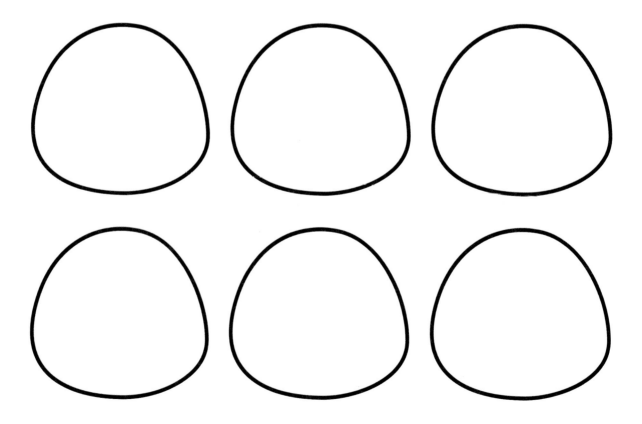

 완성된 이미지와 힌트를 참고하여 나만의 이모티콘을 완성해 보세요.

>> 실습 및 완성파일 : [24일차] 폴더

HINT

❶ [24일차] 폴더에서 '나만의 이모티콘.psd' 파일을 불러와 붓 도구(✎)를 이용해 [이모티콘] 레이어에 자유롭게 그려보기 → 붓 도구의 크기 : 13 ~ 15

❷ [채색] 레이어에 볼, 입 등 원하는 부분을 자유롭게 색칠하기

실습TIP

볼은 이렇게 작업했어요!

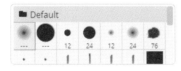

가장자리가 흐릿한 붓 모양을 선택하면 볼을 자연스럽게 칠할 수 있답니다!

❸ 문자 도구(ᴛ)를 이용해 알맞은 문구를 넣어보기

❹ 필요에 따라 [만화적 표현] 레이어를 추가하여 이모티콘 주변을 더 꾸며보기

실습TIP

움직이는 애니메이션도 만들 수 있어요!

21, 22, 23일차에서 배운 내용을 참고하여 나만의 움직이는 이모티콘도 만들어 보세요.

MEMO